青年法律家協会弁護士学者合同部会 編

弁護士になりたいあなたへ

Ⅲ

花伝社

弁護士になりたいあなたへ

どんな仕事でもやりがいがある。しかし、弁護士ほどやりがいのある仕事はそうはないだろう。心からそう思う。

中学生の時に「正義の味方」という言葉に漠然と憧れ、弁護士になりたいと思った。しかし、大学に入ってからは麻雀漬けの日々、司法試験にも苦労をし、弁護士になった時は30代半ばだった。人より遅れて入った弁護士の仕事、大変だった。責任も重大だった、ストレスもあった。

しかし、やってみるとそれ以上にこんなに楽しく、自分がしたいことがやれる仕事はないと思った。私の周りの弁護士も口を揃えて言う。

そんな弁護士の仕事の楽しさ、やりがいとは、どんなものなんだろう。その答えがここには書かれている。十人十色というが、この10人の弁護士の個性も活動もみなバラバラである。また、それぞれに大変そうである。しかし、弁護士の仕事を心から楽しみ、やりがいを持って毎日活き活きと仕事をしていることが、この本から本当によく分かる。

「一冊の本との出会いで人生が変わる」という。その通りだと思う。私の学生時代にはこのような本との出会いはなかった。この本があれば、もっとリアルな弁護士像を持つことが出来ただろうし、試験勉強にも熱がはいったのにと思う。この本に今出会ったあなたはラッキーである。

ところで、弁護士の仕事に興味をもったけれど、自分は引っ込み思案だし、心配性で話し下手だし、と弁護士に向いていないと思っているあなた。心配はいらない。落ち込みやすい人ほど人の気持ちがわかり、弁護士に向いているのだから。ここにいる10人の弁護士も、色々な落ち込んだ体験があり、それが今に生きているからこそ、このように活躍できているのだ。

最後に、この本で少しでも興味を持ったならば、その弁護士に会いに行って欲しい。

人が好き、特に後輩が好きで、面倒見の良い弁護士達だから、歓迎されるはずだ。

人と人が出会えば、化学反応が起きることをぜひ知って欲しい。化学反応が起きて、さらにまた予期せぬすごいことが起き、あなたは自分の人生に驚くことになるだろう。江戸時代、坂本龍馬たちは、何十日も歩いて友人に会いに行き、交流し見聞を広めた。今は、メールで瞬時に連絡が出来るが、直接会って交流する大切さとおもしろさは今も変わっていない。

さあ、まずこの本を片手に、一歩を踏み出そう！

「弁護士になりたいあなたへ　III」制作委員長　弁護士　北村《きたむら》　栄《さかえ》

弁護士になりたいあなたへ　Ⅲ◆目次

きくま・りゅういち

菊間龍一

1988年8月16日生まれ、千葉県出身
早稲田大学法学部卒業
早稲田大学大学院法務研究科修了
弁護士登録2014年（司法修習期67期）
弁護士法人パートナーズ法律事務所→高田馬場総合法律事務所

外国人、少年、障がい者事件は手を施さなければいけない

——弁護士になりたかった理由は何ですか。

菊間　もともと人のためになる仕事をしたいと思っていて、気がついたら弁護士になっていました。大学ではたまたま法学部に入っていたので、だったら弁護士やってみようかな、と。多くの人は何か強いきっかけがあると思いますが、僕はなんとなくなったというのが正直なところで、なんとなくでも弁護士にはなれると思います。

ロースクールに入ると、弁護士の教員から教わるにあたって一緒に事件をやらせていただいて、「やっぱりこのまま弁護士になろう」と気持ちが高まっていきました。「リーガルクリニック」という授業でやった残業代の請求が一番思い出深かったですね。その内容証明の原案を自分たちが書いて、相手方が分かったといって払ってくれた。たぶんそれが一番最初の人のためにやった事件で、印象に残っています。

――この事務所を選んだ理由は。

菊間　出身大学が早稲田大学ということもあって高田馬場に思い入れがあります。また、高田馬場の近隣住民の受け皿として存在しており、シェアオフィスとも一体化しているので、パソコン一つで開業している人たちと一緒に仕事することもできます。事務所の良い特色だと思います。事務所で扱う事件は個人からの依頼が7割、企業からの依頼が3割。個人は相続や不動産関係です。私個人では刑事、消費者、交通事故が多いですね。

――菊間さんは刑事事件に積極的に関わっているそうですが。

菊間　そうですね。一般的な刑事事件もあるし、外国人事件もやるし、少年事件や障がい者事件もやります。彼らは社会的に弱い立場に立たされている方々で、例えば刑事事件の難しい言葉がうまく通じなかったりします。一般的な刑事弁護をやりつつも、そういったより手を施さないといけない案件は意識的にやっています。

――外国人事件について聞かせていただけますか。

菊間　外国人はまず言葉が通じません。通訳を連れていって、どう噛み砕いて本人に伝えてもらえるか意識していますし、どうやって本人の言ったことを整理して書面化するかという言語的な難しさもあります。

思い出深い事件が2つあります。一番最初にやった外国人事件で、偽造クレジットカードを使って詐欺をしたと疑われた事件。検察官は「名前や使用期限が凸型で打ち込まれていないから偽造だと分かったはずだ」と主張していました。一方でロシア人の被告人はそれを偽造カードだと知らなかったという。接見で「どこを見て本物のカードだと思ったの？」とつぶさに聞いたら、彼は「打ち込みがない平らなクレジットカードもあるはずだ」と。自分でも気になって身の回りを探してみたら、そういう種類のクレジットカードも見つかりました。それで検察官を説得したところ、偽造カード使用の部分は容疑からなくなり、その結果、執行猶予を勝ち取ることができました。

もう一件は中国人の事件。接見を重ねて本人の言い分をよく聞くのが大事だなと思った事件です。お店でレジを通さず商品を持ったままフロアの外に出てしまったので窃盗の容疑で捕まったのですが、実際に現場に行くとフロアの境目がとても分かりづらい。文字で「これより先はカゴをお持ちになれません」と日本語で書いていただけで、彼女は中国人だからそれが読めずに気づけなかった。結果的に、検察官と僕が言い争いになった末、処分保留で釈放となりました。どの事件もそうですが、「普通これくらいわかるよね」と見過ごしてしまうと、そうでない事件でも有罪になる。その人がどうしてわからなかったのか、気づけなかったのか、ということに弁護人は目を向けないといけない。本人の言い分につぶさに耳を傾けて主張を構成し、裁判官や検察官にぶつけるのが弁護士の仕事だと思います。

やはり一番大きいのは言葉の壁です。自分は外国語がまったくわからない。でも通訳さんと一緒にやればどんな事件もできる。普通の民事事件でも、片言の人なども噛み砕いた言葉で話すことができます。ぜひ皆さんも外国人事件に物怖じせずに取り組んでもらいたいですね。

——障がいのある方の事件はいかがでしょうか。

菊間　障がい者の場合は2つ問題点があって、1つめは法律的に責任能力があるかどうかという点。責任能力を争うためにお医者さんの意見を聞きに行ったり、カルテを取ったりします。本来刑事事件ではあまりやらないことですが、その人の医療の情報や家庭でどういう状況にあるかなどを聞き、その人が置かれている医療環境、家庭環境、職場環境に配慮した上で、刑事処罰に耐えうる責任能力があるのかどうかを調べます。そこで争うなら精神鑑定をしてガチンコで争わないといけません。

あともう1つは、やはり言葉が通じにくい。精神疾患を持っている方は人の話を聞くことが難しい方が多く、聞くことができても理解ができなかったり、自分の意見を表現できないこともあり、それがなかなか難しいです。接見に行ってもお互い10分間くらい黙ってしまって、そのまま帰るときもあります。検察官は自分の見立てに沿う供述しか取ってくれないし、彼らはそれに沿ってしまうので、驚くほど検察官の見立て通りの供述書ができてしまう。そのため、頻繁に接見に行って彼らを勇気づけ、時には検察官に抗議しなければならないときもあります。

——外国人より難易度が高い依頼者かもしれないですね。

菊間　外国人の方と違い、間を繋いでくれる通訳的な存在がいないので大変ですね。分かりやすい言葉で伝えられる方法がなかなかない。統合失調症やうつ病などそれぞれの特性があるので、質問を工夫したりしています。客観的な質問では分からない人には「自分だったらどう思う？」とか、主観で聞いたりします。15分くらい話すと疲れてしまう障がい者の方もいます。場合によっては短い接見を毎日重ねないといけません。警察署に行くのもなかなか大変です。

——障がい者事件で、思い出深い案件はありますか。

菊間　統合失調症の女性で、高校生くらいの時から精神疾患を持っている方の事件ですね。カルテをさかのぼるとものすごい量になる。ご家族を呼んで、ご家庭で面倒を見られるかどうかと聞くと「家庭でも手に負えないので病院に送り込んで欲しい」と言われました。聞いてみると、家で粗暴な態度に出るとか、親に暴言を浴びせたり近所の人に暴力を振るったという話です。この人は統合失調症のために妄想が生じて暴力を振るったと主張して、最終的に不起訴になりました。精神疾患を持っているが故に不起訴になった場合、医療機関に送られるので彼女は病院に送られてしまいましたが、その後が気になっています。

——凶悪な刑事事件の場合などは「責任能力なし」で済ませていいのか、と疑問を呈する人も

います。

菊間　当事者の法律上認められた主張として、堂々と処罰されないように求めるまでです。責任能力の問題に関わらず「お前は犯罪者の弁護をするのか」と他人から言われることがあります。憲法では被疑者を保護するため弁護人選任権があり、また、刑法では刑事罰に堪えない人すなわち責任能力のない人は処罰されない、というルールです。それが適用されるのは当然のことです。確かに先程話した事件の被害者の人からすれば、なぜ彼女は処罰されないんだと思うかもしれませんが、それがルール。法律で処罰されないとなっているのであって、感情で処罰してはいけません。感情で処罰できるのであればルールがある意味がないし、ルールがなければだれも怖くて自由な行動ができなくなります。

▶▶▶ 菊間弁護士ってこんな人

菊間龍一弁護士は67期の弁護士で、日々様々な活動に精力的に取り組んでいますので、その一端をご紹介させていただきます。

菊間弁護士について語る際には、弁護団の活動ははずせません。原発事故被害者を原告とし、ふるさとの原状回復（＝除染）を求める訴訟の弁護団において、これまでも主要な役割を果たしてきました。菊間弁護士の深い知識と正確かつ論理的な分析は他の弁護士や原告の方々から大きな信頼を得ています。

菊間弁護士は、東京弁護士会の一員として同弁護士会の活動へ多大な貢献を行っております。常議員として執行部に対し鋭い批判を行ったり、消費者委員会のメンバーとして被害にあった方々のために尽力したりしています。

また、菊間弁護士がライフワークとして取り組んでいるのが刑事弁護です。被疑者・被告人と真摯に向き合い、闘う弁護人として全力で弁護を行っています。

以上のとおり、天職ともいえる弁護士人生を謳歌している菊間弁護士ですが、日本酒と甘いものの好きな気さくな弁護士でもあります。ぜひ、一度飲みに行ってみてください！

（磯部たな）

――少年事件はいかがですか。

菊間　少年事件がなぜ特殊かというと、成人向けの刑事訴訟法ではなく少年法に基づく点があります。家裁に送致されてからは少年鑑別所で観護の措置を受け、審判では保護観察処分や教育を受け直すために少年院に送られる処分があるなど、必ずしも刑罰による罰則を加えられないのが少年事件です。少年はきちんと環境を整えてあげれば元に戻る、いい子になる、という可塑性に僕はすごく共感しています。20歳までですが、大学生くらいまで適用していいんじゃないかなと個人的には思っています。

少年事件は毎日のように接見に行くのが基本原則になっています。大人の検察官にすぐ言い負けてしまうからです。少年事件を起こす子どもは大人を信用できないでいるので、これからやり直しを始めるための一番信頼できる大人になるのが僕の目標。少年って家族か学校か友達しか信用できるところがないので、それがないとふらふらとして悪い方に流れ、犯罪を犯してしまうんです。そこで社会との接点を作り直してあげるのが付添人の仕事。そして、大きくなった彼らから現状報告をもらえると本当に嬉しいですね。なので少年事件は、これからも力を入れて取り組んでいきたいし、すごく思い入れがあります。

――少年事件で思い出深い事件は。

菊間　年末年始にまたいだ事件ですが、振り込め詐欺の受け子で捕まった少年の案件です。年末年始なので取調べ自体はそんなになかったのですが、本人が「先生に会いたい」と毎日僕を呼びました。会って話すのは他愛もない話ですが、自分の要請に応えてくれる大人という存在は必要なので、その時は年末年始を返上して警察署に通いました。その子は振り込め詐欺の受け子をしている時はスーツを着てご老人からお金を受け取っていましたが、悪い先輩に話を持ちかけられ、断ると居場所がなくなるので断れなかった、ということでした。

家庭環境について言えば、彼は父親から虐待を受けていました。お母さんは何も言わずに止められなかった、という状況。だから家に居場所がなかったのです。学校も中退していたので、保護監察処分を得るためにはどうにか家庭に帰さないといけない。その子はお母さんは嫌いじゃない、と言いましたが、お父さんが虐待する時お母さんは何もしてくれない、だから戻れない、と言っていました。だからお母さんに電話し「どうにかなりませんかね」と相談しました。虐待を止めることを考えてくれるのかと思いましたが、虐待する父親が有害であることが分かったようで、結局「私、離婚します」と。少年審判の期間はとても短いのですが、お母さんはその短い期間の中で離婚を決めました。少年が暮らすための家を見つけ、働く先も見つけるというのを短期間で整理して審判を迎えた結果、彼は少年院に行ってもおかしくなかったのですが、保護監察処分で済んだ。あれは嬉しかったですね。未だに彼からＬＩＮＥ電話が来る。この間は車を買ったと言っていました。少年事件をやってよかったと一番思えた事件です。

――彼の人生はがらっと変わったのですね。

菊間　だいぶ変わったと思います。お母さんから「離婚する」と言われたときはびっくりしましたが、これは彼のためにもなると思って進めました。彼はお母さんがそこまでしてくれたことに泣いていました。自分が行くだけでもいつも泣いてましたが、「お母さんが君のために家を借りてくれるらしいよ」と言ったらめちゃめちゃ泣いていた。どの少年も家庭にはいたい。強がって「親なんかどうでもいい」という子もいるけど、根源的には家庭が大事なんですね。

●事件の大小、勝敗にかかわらず引き受ける

——弁護団活動はどのようなものに取り組んでいますか。

菊間　原発と消費者とカネボウの白斑事件の弁護団に入っています。研究会では消費者問題の研究会をやっています。例えば、ジャパンライフという健康器具のオーナー制度で、その商品をまず買わせて賃料収入から配当すると謳っているが、実際は新しい契約者から巻き上げたお金を配当している、という事案です。被害者は全国にいて、福島や山形に多い。47都道府県じゃないかもしれないですが、だいたい全国に弁護団を作って債権者破産の申立てをして会社を破産させ、強制的に財産を配当させる手続を東京地裁に係属させました。

——加害者はもう資産を隠しているのでは？

菊間　今回くらいの大型事件になると国も入って来るので、資産を国が見つけてきたりします。しかし一般的に悪徳事件では、裁判で判決を勝ち取っても資産を回収できない例は何件もあり

「ふるさとを返せ　津島原発訴訟」原告団の写真（郡山市にて）

ます。そこは法制度を改正して欲しいですね。例えば民事執行法が改正されましたが、勤務先がどこか調べるために、税金を納めているところに問い合わせできる制度が拡充されてほしい。今は実際本当に本人が住んでいるか自分の足で調べたり、登記簿を上げたりするしかないんです。でも報酬自体が安い場合も多いし、弁護士会を使えば調査するのに1件当たり東京では8000円台かかってしまう。依頼者への負担が大きいためなかなかできないのですが、それは悔しいですね。

――消費者事件はマルチ商法などが多いのでしょうか。

菊間　リース契約を結ばされて解除できなくて困っているとか、変なものを買わされてお金を返して欲しいとか、「消費者事件」という特殊な事件ではなく、ごく普通の民事事件ですね。

リース契約は金額が大きいものもあって、認知症のある方が何件も積み重ねて合計600万円くらい契約を結ばされているというケースもありました。全面的に裁判で争いましたが、「事業のため」にリース契約を結んだ場合は解除できないという主張をリース会社側はしてきます。ただその被害者はもともと個人事業主だったのですが事業をやめた状態にあったので、結果的には和解で決着しました。少額なもので言えば、ヤフオクで変な物を買わされたとか、中古車を買ったがお金を取り返したいとか。詐欺っぽいので言えば、どこかの会社に投資する名目でお金を巻き上げられて返してもらえないとか。任意の交渉で話し合って折り合いがつけばいいのですが、投資詐欺の案件は話し合いで決着がつくわけもなく、裁判を起こしました。証拠がないとか騙されたということは本人に記憶を喚起してもらわないといけないので尋問するのですが、本人にとってはなかなかの負担になります。

――たくさんの案件を手掛けられている印象です。

菊間　一個一個の案件の金額は小さいですが依頼者の思いは強くて、だからこそやりがいがありますね。刑事でも民事でも、事件になるような案件は、依頼者が「おかしい」と思っているところがあります。ヤフオクでこういう書き方をしていたから中古車に問題はないんだと思わされたけど実際にはそうではなかった、というケースでは、おかしいところを拾い上げて相手方にぶつけるというのが仕事の一つ。向こうの言い分はあるのでしょうが、依頼される案件は確かに「おかしい」がある。そこをうまく拾い上げるのが弁護士の仕事なんじゃないかと思います。

たまに「他の弁護士に断られたけど菊間さんは受けてくれた」と言われることがあります。たしかに負け筋をやらない方もいます。それでもやる。「僕は負けるかもよ、それでもやる?」と言って「うん」といわれたらやる。弁護士を付けて裁判をやってあげるのが弁護士の仕事。負けそうだからやらないっていうのは筋違いだと思います。裁判をやる時間は変わらないので、勝つ裁判の方がいいんだろうとは思います。着手金はかかってしまいますが、それでもやりたいというならやる意義はあります。もちろん断った事件もありますよ。依頼者のためというのが一番なので、これは絶対やらないほうがいいというものはさすがに断ります。

仕事のコツはリズム作りと飲みニケーション

——毎日何時頃まで仕事をしていますか。

菊間　朝は9時か10時に事務所に出てきます。帰りは夜8時とか9時。日によって早く帰ったり、終電の時もあります。弁護士はみんなそうですが、業務量の増減があります。土日にやらないといけないことがあるときは、平日を急遽休みにすることもあります。自分で時間調整できるのは弁護士業のいいところですね。逆に自分で時間をコントロールできない人は、この業界にいると体調を崩してしまうかもしれません。弁護士になる人は自分で自分を管理できる能力が必要でしょう。それとこの職業につく人は仕事にやりがいを持ってやってしまうので、やり過ぎないよう自分を律することが大事です。他方で「これは！」と思ったらとことんやります。

――仕事の効率化、管理で意識していることは。

菊間　たとえばなるべく家では仕事しないようにしています。仕事の資料を持ち帰ると家でもできてしまうので、なるべく持って帰らない。そのほうがリズムができます。事務所に出る、働く、やめる、帰る、うちでは普通に過ごす、とか。僕は友達や先輩、後輩とよく飲みに行きますが、飲みに行くのは大事です。事務所外の人とコミュニケーションを取ると、新しいノウハウを得られたり新しいコネクションができたりと出会いが沢山あるし、もちろんリフレッシュになります。最近「飲みニケーション」が減っているとどの業界でも言われますが、弁護士は他業種の人とも飲んでほしいですね。

僕は東京中小企業家同友会に入っていますが、色々な製造業、メーカー、ＩＴ、他士業の人もいる。そういう人たちといろんな話をしている中で気づきがあります。弁護士には法律という武器がありますが、社会常識がないと戦えない。「メーカーはこういうことに気をつけているんだ」とか、「いまＩＴの世界ではこんなことがはやっているんだ」とか、僕らは社会のなかに存在するものなので、社会常識を気をつけて採り入れていかないとただの〝法律バカ〟になってしまいます。なので飲みに行って本音を聞く、というのを意識的にやっています。デイタイムは仕事の話になってしまいますしね。

――弁護士になってから忙しさはどのように変化していきましたか。これから弁護士になる方

への目安という意味でも教えてほしいです。

菊間　新人1、2年目くらいの時は、慣れている人の3倍くらい時間をかけて仕事をやらないといけないものです。その頃は終電で帰っていました。1件をこなすのに3倍の時間が必要なので、一件一件を大切にして勉強しないと伸びないです。だったら事件数を減らせばいい。新人で非常に忙しい場合は、自分の成長のために仕事量を減らして下さい、と言いたいですね。新人は内容証明を書くのに3時間かかるし、準備書面を書くのも調べながら1週間かかる。先輩に見てもらうためには締め切りも裁判所の締め切りより1週間早くなるので、新人弁護士は絶対に忙しいのです。その中で一件一件時間をかけて学び取っていくことが大切です。

それと、与えられた事件をやっているだけでは絶対に伸びない、「ボス、これは自分にやらせてくれ」と言わないと伸びていかないですね。最初はボスの名前で事件にあたりましたが、ボスのお手伝いの事件で主にボスがやる事件と、ボスの名前でやっているけど自分がハンドリングする事件だと、学びの経験が違う。自分が主担当になったら全部自分でやらないといけないですから、これを聞こう、あれも聞こう、不利な事情をおさえておかないと、と色々意識するようになるものです。やっているうちに慣れていき、内容証明を書くときも冒頭と末尾が決まってくるので真ん中だけ変えればいいなとか、やっているうちに分かってくる。弁護士は3年経てば一周すると言われています。基本的な事件は一通りできるし、裁判も終わる。慣れてきて事件をコントロールできるようになるのは3年目が過ぎてからでしょうね。

――自ら顧客を新規開拓する必要はあると思いますか。

菊間　大きい事務所や事件がやってくる事務所なら、待っていても仕事は来ます。うちは弁護士2人の事務所で、基本的には自分で取りにいかないと自分の事件はない。たとえば先輩にもらいにいくのも一つのやり方だし、先程言った同友会に行って「何かあったら相談してください」と取りにいくのも手だし。やはり自分の事件じゃないと、やる気の温度が違う。刑事事件はほとんどの人が単独でやる事件なので、熱が入るはずです。自分のやりたい通りになる。だから自分の事件を大事にやっていくことが、弁護士にとって伸びるために非常に重要です。

――弁護士になってみて、なる前とのギャップは。

菊間　思ったより自分の思い通りにできるのが意外でしたね。最初はクライアントに言われた通りにやるのかと思っていましたが、法律を知っているのは僕らのほうなので、あの資料を出してくれ、これ出してくれとこちらから提案する。コンサルみたいな感じですね。こちらから積極的にコンサルタントしていく仕事なんだ、というのはギャップでした。

弁護士は変わっている人が多いですよ、狂ったように趣味に打ち込んでいる人とか。日本酒会を開いたり、ワイン、スコッチウイスキー、ゴルフ、サーフィン、ラーメン、カレー……本当にみんな何かに打ち込んでいるんです。法律に打ち込めなかったら弁護士になれないので、そういう意味でも何かに特化した趣味を持っている人が多いのかもしれないですね。自分はお酒が好きなので、お酒が好きな人と飲みに行くのは楽しいです。

とある平日のスケジュール	(時)	とある休日のスケジュール
就寝	0	就寝
│	1	│
│	2	│
│	3	│
│	4	│
│	5	│
│	6	│
起床・朝食	7	起床・朝食
電車で出勤	8	家事
事務所	9	英会話の勉強
期日	10	│
書面作成	11	│
昼食	12	昼食
書面作成	13	読書
│	14	│
│	15	│
委員会	16	映画鑑賞
│	17	│
弁護団会議	18	│
│	19	友人と飲み会
│	20	│
懇親会	21	│
│	22	│
帰宅	23	帰宅
│	24	│
特に珍しいことがないごくごく普通の日です。		未だに実現したことのない理想的な休日です

弁護士が社会から凄いもののように思われているのは、ギャップではなくやっぱりな、という感じですが、僕らからすると、ちょっと勉強して資格を取っただけ。僕は企業のことは分からないけど、向こうは先生、先生と言ってくれる。先生と言われて当然の部分もあると思うし、そう呼ばれるだけの素養が必要ですが、家事事件一つとっても家庭のことは依頼者が先生。この世は専門家ばかりで出来ていると思うんです。同友会に行っても最初は先生、先生と言われますが、仲良くなると菊間さんと呼んでくれる。弁護士になりたての頃は、先生と呼ばれるとこんなぺーぺーを持ち上げられているようでやりづらかった。ただそういう社会的地位にあるのも確かで、誇っていいが驕ってはいけない、という姿勢でいないといけないと思います。

――先ほどからお話に出る東京中小企業家同友会とは？

菊間　各企業の経営課題を報告して勉強する会があって、その後の懇親会で結構相談を受けますね。離婚事件も受けるし、建築屋さんから「契約書のひな形を作りたいんだ」とか、保険屋さんから「うちのクライアントが事故にあったので代理人やってくれないか」とかそういう相談を受けます。やはり知っている人じゃないと頼みづらいと思うんです。弁護士って未だに敷居が高くて頼みづらい職業だと思っていて、弁護士会の法律相談センターでも「意を決して来ました」という気持ちの人が結構多い。その敷居を下げる……という言い方はあまり好きじゃないですが、やはり親しみやすい弁護士が必要だし、親しみやすい弁護士に頼みたいと思います。そこに足を運ぶ、手を伸ばすというのをやっていかないといけないですね。

中小企業で法律問題に困っている人はいっぱいいますが、相談できるところが分からない。なので自分は同友会に出て、「この支部で困ったことがあったら菊間のところに相談に来てもらえたら」という雰囲気を今作っているつもりです。飲み会中のアドバイスで解決するなら僕もそれで満足だし、事件にするならお金をもらう。街の法律相談もやっていると思いますが、弁護士からアウトリーチしていくのは重要です。同友会やJC（青年会議所）、自治体でもいいですが、そういうところに出ていく。町内会とかの祭りに出て御輿を担いで酒飲みながら相談を受けたり、そういうことをやると楽しいし、やっていくといいと思います。

僕らって、何もしなかったら法律の中に籠もってしまう人間です。僕も法律が楽しいから法律書ばかり読んでしまいますが、ほかの本を読んだ方がいいかなと思っています。僕は映画の監修もやりますが、映画はこういう風にできてるんだ、電車ってこういう風に動いているんだ、というのはその後に生きる積み重ねになりますね。

――弁護士としての映画の監修の仕事はどんなものですか。

菊間　法律の部分や弁護士が出ている部分を監修しています。実際の弁護士は「異議あり！」とは言わないですよ、とか、国会議員は通常国会中は逮捕できないので任意同行ですよ、と指摘したり、法律事務所の運営の仕方を教えたりですね。監修を通して映画製作が強行スケジュールで行われているというのも知りました。

もともと高校の時の文化祭で演劇をやったり、大学の学園祭でも企画をやっていました。何か創ったりするのが好きだったんです。その繋がりで制作会社にいる後輩がいて、弁護士の意見がほしいと言われたのが監修をするきっかけ。映画「僕だけがいない街」では、弁護士の普段の業務について監修しました。今監修している作品はガチガチの弁護士ものです。

監修の仕事は楽しいですね、気晴らしになります。撮影の日はぶわーっと予定が入って、今月は休み、来月はすごく忙しいとか、そういう極端な制作業界の働き方を知るのも面白い。制作業界で残業代請求弁護団を作るなら、相談がいっぱい来ると思いますよ。芸能人の権利を擁護する団体を作っている友達もいて、芸能人の不当解雇訴訟などをやっています。弁護士がほかの業界に手を出すことは必要とされていると思います。法律を知らないで助けを求めている人がいっぱいいるんです。

――自分の見識を広めるため意識していることは。

菊間　みんなが何に関心を持っているのか知るために、ニュースはよく見ます。それと気になった本を読む。たとえば行動経済学、人間はどうやって誤った判断をするのかなどを学んで、依頼者とのやりとりの仕方を考えたりしますね。あとは何と言っても飲みニケーション。みんなが話題にしていることをそこで拾えたり、他の業界でホットなことを知れますからね。

● お金は後から付いてこない

――人権活動と生活に必要な稼ぎを両立するためのコツは。

菊間　自分達も食っていかないといけないので、稼げる仕事をやります。自己コントロールが重要だと思いますね。たとえば今の僕の仕事の仕方で、５０００万円稼ぐのは無理だと思う。でも生活するために１０００万円稼いで、残りを人権活動に充てることはできる。たとえば国選だけで食べていくのは無理です。配分を自分でコントロールしないといけないし、できないなら誰かに言われた通りやるほうがいい。そんなに難しいことではなくて、相続とか不動産関係とか、ちゃんとお金を払ってもらえるところはちゃんと仕事をしてしっかりお金を貰う。

上の方々を見ていてイヤなのは、「お金は後から付いてくる」という考え。今は通じない考えですよ。貰えるところから貰って社会に還元するところはする、と自分で整理しないといけない。それを意識してコントロールするしかないですね。自分も今バランスが微妙だなと思っていて、もう少し稼いだ方がいいんじゃないかなと思っています。僕がやっている消費者事件、刑事事件はあまりお金にならないので、そこに３割時間をかけると、残りの７割で必要なお金を稼がないといけない。どうやって３割分を補える売上げをあげられるかは常に考えています。映画業界とか制作業界に足を突っ込んでみたり、同友会に行ってみたりと試行錯誤。そんなに大金がほしいわけではないですが、家庭が築ければいい。それにはもう一工夫が必要だなと。人権弁護士になりたい人で１億円の売上げをあげたいという人はたぶんいないし、現実的にできない。ただ人権活動をしていれば食っていけなくてもいいのだ、というのは勘違い。食っていけないと自分が動けなくなってしまうので、コントロールすることは重要ですね。

――「お金は後から付いてくる」というのは?

菊間　一般的な個々の事件はそれでいいんです。たとえば離婚事件を受けた場合には着手金と成功報酬をもらえばいいし、顧問になれば顧問料をもらえばいい。しかし、どんな仕事もそれでいいという考え方ではだめだと思う。特に人権活動は基本的にはお金がついてこない。もちろん、そこでできた人間関係から後に事件を依頼してもらえることがあるかもしれないし、それを「後から付いてくる」というのであれば的外れとまでは言いません。ただし、「人権活動にも後からお金は付いてくる」という考え方を一般化して、そればっかりやっていてはダメでしょう。

――人権活動でお金が稼げれば、取り組む若い人ももっと増えるのではないでしょうか。

菊間　それは悩んでいるところです。弁護団をやる時もどうやってお金を出すか、少なくとも実費は出さないと若手が弁護団に入ってくれません。その場合は原告に「私たちはこういう活動をします、だからこの分をいただきます」と言って原資を得る。「お金は後から付いてくる」弁護団では若い人が付いてこない。実費の支給などそういう工夫をやりきれていないのが現状だと思います。

もちろんお金が出なくてもやらないといけない時もあります。青法協の活動も任意で報酬も実費も出ない。志を持って集まってくれる人がいるから成り立っている活動です。だから僕は後輩をすごく大事にします。頑張って名前も覚えるし、飲み会に連れていくし、たぶん後輩からも愛されてるんじゃないかなと個人的には思っています。後継者を育てていかないといけないので、弁護団の中で上の先生に若手が意見しなければいけないとき、先陣切って「違うでしょ」と言うのは僕の役割だと思っている。弁護士会の派閥でもそうです。

――青法協などの団体に入る良さは。

菊間　消費者事件や労働事件を一緒にやろうと思ってくれる人など、志を同じくする人に会えることが大きいですね。何か与えられるのを求めて来るのではなく、自分から何かテーマを探してもらいたいです。少年法の適用年齢引き下げ問題に取り組みたいとか、給費制廃止問題についてとか、「青法協を利用して自分の取り組みたい問題をやろう」くらいの気持ちでいい。そのくらいの気持ちで来てもらった方がこちらも楽しいです。僕も基本的にどうやって青法協を利用するかと考えています。使われているだけだとつらいと思うので、ここを利用してやろう、という目的意識がほしいですね。すぐには持てない人もいるけど、やっているうちに「このテーマをやりたい」となったり、「これはやらなきゃいけない」と意欲が出てくる。何もないのであれば、少しでも興味関心があって琴線に触れたものを、全力とは言わずとも8割くらいでやってみる、というのがいいと思います。僕はたまたま刑事事件などがヒットしましたが、もし何もなくてもいつか必ず見つかるので、色々やってみることが重要ではないでしょうか。

菊間弁護士の10問10答

1	好きな音楽は？	Disney、ジブリ等々
2	好きな映画は？	踊る大捜査線、名探偵コナン等々
3	弁護士にならなかったら何になっていた？	教師
4	好きな動物は？	犬
5	好きな四字熟語は？	全力投球
6	座右の銘は？	一意専心
7	好きな食べ物は？	チョコレート
8	自分の前世はなんだと思う？	隠れられない忍者
9	好きな本は？	もちろん六法全書
10	好きな歴史上の人物は？	白洲次郎

弁護士を目指すあなたへ

為せば成る!

自分の「やりたい!」を大切に!!

菊間龍一

水谷陽子《みずたに・ようこ》

1989年2月23日生まれ、三重県四日市市出身
中央大学法学部法律学科卒業
中央大学法科大学院修了
弁護士登録2015年（司法修習期68期）
代々木総合法律事務所（インタビュー当時）
↓弁護士法人名古屋法律事務所

●祖父母を任せた介護スタッフの様子から労働問題を意識

――弁護士を目指したきっかけについて教えてください。

水谷　高校生時代、自分の祖父母が介護施設に入ったのですが、会いに行くと結構ずさんに扱われているんじゃないかと感じることがありました。たとえば、寝ているときにこまめに体位を変えてもらえないので床ずれが起こっていたり、祖母が救急車で搬送された時に職員の方が

そのことを把握してくれていなかったり。それにショック受け、自分自身の権利を自分で守るのが難しい高齢者や人々の権利をどう守ったらよいのかと考えたのが、まず原点です。

その思いで弁護士を目指し、当初は「悪い施設とたたかってやる」という気持ちが強かったのですが、大学に入って違う視点を持つようになりました。大学は弁護士を目指すことを考え法律学科を選び、私が行った大学では司法試験を目指すための講座があってそれを受けていたのですが、自分が頑張りたいと思った介護・医療の問題と、最初に勉強する法律の観念的な問題はまったく結びつかず、この勉強に意味があるのかと疑問に思いました。

まず自分が関心ある問題をちゃんと知ろうと、若い介護や医療職の人たちの集会に参加させてもらいました。すると、働く人の条件や環境がすごく悪いということが分かったのです。相手をする高齢者の数とスタッフの数が全然釣り合ってなく数十人のお年寄りに対して1人で夜勤をするとか、その割に長時間労働で賃金が低いとか。これだけ過酷なら事故も起こるだろうし丁寧に高齢者や患者さんを見るのは難しいだろうな、ということに気付いて、自分が感じていた問題は、働く人の権利を守らないと改善できないと分かりました。それからは、現場で働いている人たちの権利のためにもたたかいたいと思うようになりました。

それに気付いた時、社会保障政策とも絡む問題なので研究職に進むことも考えました。今の社会保障政策の問題を提起できるようになるのもひとつの大事な仕事だと。だけど弁護士だったら、働く人のための事件でもたたかえるし、高齢者や患者さんのための事件でもたたかえるし、一緒に社会の問題を無くしていくために活動もできると思いました。それでやはり弁護士だ、と思ったのです。

それと平和の問題と公害の問題が、自分が弁護士を目指したモチベーションとして大きいです。私の通っていた中学には福祉委員という委員会があり、私は募金を集めたりする担当でしたが、寄付されたお金は紛争のあった地域の地雷撤去のために使われました。委員会の新聞で地雷の問題についてちょっとした記事を書くことになり、勉強しました。地雷は兵士を殺すためというより怪我をさせて戦力を落としていくもの。対象は兵士だけではなく市民も含まれる。だからぬいぐるみの形をした地雷で子どもが怪我をすることもあるし、地雷は地中に埋まってしまっているから紛争が終わっても撤去されておらず、未だに怪我人を出している。そういう事実がとてもショックでした。

子どもが考える「人が殺されたり傷つけられる」場面は、『名探偵コナン』に出てくるように「その人がどういう人で、今まで何をしてきたか」、傷つけた人との関係性が前提で命を奪われるというシチュエーションです。自分も当時そのようにしか考えたことなかった。しかし紛争や戦争はそうではなく、名前も人格も関係なくただの道具として傷つけられるというのがとてもショックで、それをどう無くせるのか考えました。ただ、田舎の中学生にはそのためにどんな職業に就けばいいのか、どんな活動をすればいいのか分からず、夢で終わっていました。

その後、大学で弁護士を目指すと決め勉強していく中で、憲法9条を自民党が変えようとしていると知り、これを食い止めることが自分なりの平和への貢献になるかもしれないと思い、それも弁護士になるモチベーションになりました。

四日市出身として環境問題に関心

水谷　もうひとつ、弁護士を目指す動機となったのは公害の問題です。私は三重県の四日市市出身ですが、四日市ぜんそくについて学んだことがないまま大学生になりました。ぜんそく以外にも海の汚染など色々な問題が起こっていたのに、それを全然知りませんでした。

大学でたまたま水俣病のことを1年かけて勉強する講義を受講し、水俣病を知るにつれて「自分が住んでいた場所で起こっていた公害は何だったんだろう」と思うようになり、四日市の公害を勉強するようになりました。それまでは、ぜんそくをあまり重大な健康被害だと理解できていなかったのですが、調べてみると、小学生が「息をするのがつらいから死にたい」と言ったり、息ができなくて命を落とす人もたくさんいたのです。こんなにも命や健康がおびやかされ、希望が奪われていたのかと驚きました。もともと四日市には海水浴場があり、漁業が盛んな場所だったということも知り、私の知っているのは工業用の港でしかなかったので、豊かな自然があったということに驚きました。豊かな自然自体は元に戻せないですが、健康被害については、一番しんどいときに一番しんどい思いをしていた人たちが声を上げて訴訟でたたかい、議会で問題にしたから、今は有害な物質を排出しないよう規制もある。「私自身があの町で生まれて健康に育って安心して大人になれたのは、過去にたたかってくれた人たちがいたおかげなんだな」と気付いたのです。社会問題とたたかうことが後の世代にどれだけ救いになるのかということを、身を持って知りました。「私自身救われた側の人間だから、新たな公害が起きたときに関われたらいいな」と思って大学時代を過ごしました。

その後東日本大震災による原発事故があり、弁護士になってから原発事故の被害賠償を求める訴訟にも加わりました。

――原発訴訟にも関わっておられたとのことですが、訴訟の結果をどう受け止めていますか。

水谷　金額としてはとても低かった、というのが正直なところです。私は若手なので「不当判決」等と書かれた紙を掲げる担当になりましたが、不当判決になると思っていなかったのでとても悔しかったです。弁護団では現地の検証もしました。東電側の代理人も裁判官も現地に行き、現地で人がいなくなってしまった商店街や原告の家を見たり、原告の自宅がボロボロになり動物の糞尿まみれになっている状況などを実際に裁判官に見てもらいました。原告全世帯に尋問し、被害を訴えました。生の現場を見て原告の声を聞いてもらっていただけに、それに見合う水準ではない判決が出てしまったのがとても悔しいです。

原発訴訟の判決結果を掲げる水谷弁護士（右）

● 弁護士は感情労働

――弁護士になって思うところはありますか。

水谷　感情労働だなと思います。依頼者の方からの相談は法律的にアドバイスするだけではなく、人の悩みや不安、起こっていることを丁寧に聞く必要があります。適切に聞きながら、法律的な手続のために必要な話を整理したり、専門職としてうまく話をまとめていくのが難しい部分ですね。

――思い入れのある裁判で敗訴した時は、どのように気持ちを整理していますか。

水谷　大きな弁護団事件だと、原告や支援者と判決を受けてさらにどうたたかっていくかを検討していくので、落ち込んでばかりもいられず、自然と次のたたかいに気持ちが切り替えられます。気持ちの整理の仕方が難しいのは、弁護団活動ではなく一般的な事件活動のほう。依頼者の置かれた状況に沿わない判決が出てしまうと、つらいです。ただ、依頼者になぜこの判決になったのかということを説明したり、次の控訴審でたたかうかどうか、その場合どういう方針で行くのかリーダーシップを持って話さないといけないので、落ち込んでいられません。そういう時支えになるのは、近しい弁護士同士で愚痴を言いあったり励ましあったりすること。どのように事件処理するかで悩んだり、うまくいかなくてショックを受けたことなど、気持ちは共通するもの。一緒に気晴らしできる弁護士仲間がいるのはとても大事です。

逆に弁護士ではない職についている友達と話すことも大切です。その仕事仕事で違う大変さ、喜びもあるので、自分一人で殻に閉じこもって考え込むのではなくそういう交流をすることは、職業生活の広い意味での魅力のひとつじゃないかと思います。

自分を自分で励ますのも大事です。私の場合は、料理をして自分の好きなものばかり作るとか、休みの日に家の窓のカーテンを開けて青空を眺めながら本、特にミステリー小説を読むのがとても好きです。そのように、自分なりの気分転換を見つけていくのはとても大事ですね。

――思ったような判決が得られなかった一般事件とは、どのようなものですか?

水谷　最大限の証明の努力をしたけど認定を得られなかったものです。特に立証が難しいと感じるのはハラスメント。証拠がなく基本的には本人の供述がメインになるケースで、法的に問題となるハラスメントの存在が認定されるかどうかが問題となる事案でした。

また、男女差別の立証も簡単ではありません。弁護士1年目の2016年に厚生労働省で働いている女性職員が原告の男女差別裁判に加わり、2019年に判決が出ました。訴訟手続の中で、国に対し、職員の昇格状況がわかる資料を出せと求め続け、部分的に資料を出させました。その資料を整理し、同じ年に入省した人がどういうキャリアアップをしたか比べてみると、男性と女性で明らかに差がある。男性だったらある年月が経てば自然とこの役職につける、という法則があるのが分かるのに、女性は同じ年月が経ってもそのポストについている人はごく僅かでした。男性か女性かで差が出ているのに、裁判所の判断としては、その差が性別による差別とは判断できない、と。たまたま本人の実力によって差が出ているんだ、というものでした。

▶▶▶ 水谷弁護士ってこんな人

こんにちは！　弁護士の服部咲です。

今回、水谷陽子先生を是非熱く紹介して欲しいという要望をいただき、私なんかでいいのかな……と思いつつ、水谷先生の紹介文を引き受けることにしました。

水谷先生と初めて会ったのはロースクール時代。同じクラスになったことがきっかけでした。最初の印象は、勉強できそう、頭良さそう、大人しそう！！

このうち、勉強できそう、頭良さそうは当たっていましたが、「大人しそう」は大ハズレ（笑）。というのも、水谷先生は、やる！と決めたらトコトン粘り強く取り組み、かつ周りのメンバーを引っ張っていってくれるタイプだからです。7月集会（司法修習生が主催する社会問題を取り扱うシンポジウム）の代表を務めたり、弁護士としての仕事をしながら、当時行われていた選挙の応援隊長を務めたりと、いつ休んでいるんだろう？と思うくらいの、パワフルさを持っています。

水谷先生の後ろ姿はとても格好良く、同期として、「水谷頑張ってるなぁ、私も負けずに頑張るぞ！」とパワーも与えてくれる、そんな素敵な弁護士さんです(笑顔も素敵です！)。是非水谷先生のインタビューを読んでみて下さい！

(服部咲)

原告が入省後どんな仕事してきたかというと、男性なら地方転勤で経験を積んだと評価されていく仕組みなのに対し、その女性は女性ばかりの統計関係の部署に配属されて、統計の仕事ばかり。積んだ経験が少ないから評価もされない、キャリアアップできないということがまかり通ってしまう。最初から、女性という理由でキャリアアップのない配置をされたとしか言えず、非常に問題だと思っています。

――弁護士経験を振り返ってみて、思うことはありますか。

水谷　丸4年が経ちましたが、1年目、2年目と比べると自分が経験したことや他の事件で勉強したことを生かせることが出てきました。一方でほかの弁護士とやる仕事でも自分がメインになって動くものもある。そういった事件では、気が引き締まると同時に不安も感じます。自分一人で出来るしやらなければいけない部分のメリハリ、見極めは、少し出来るようになってきたなと思っています。

――忙しいですか。

水谷　契約してお金をもらっている依頼者の仕事をきちんと優先した上で、その空き時間で弁護団活動や平和の活動、市民運動との関わりをすることになるので、大変だと思う瞬間はあります。ですが、弁護士の役割を求められているんだと実感できたり、活動で会う人とコミュニケーションをとるのが楽しかったりするので、大変だけど楽しいなという気持ちです。弁護団活動、平和活動をやりたいと思っていたのでそれで時間を使うのは覚悟の上ですね。

弁護士1年目の時は力を抜くところが分からず、求められること全部に応えようとして土日どっちも潰してしまうこともあり、結構きつかったです。「こんなに自分の時間を犠牲にしないといけないのか」という悩みがありましたが、だんだん力の抜きどころが分かってきた。「これは他の人に任せればいいや」とか、「これは自分の健康のためにごめんなさいしていいな」とか。今は、忙しいのは忙しいですが、自分なりのバランスを見つけて何とかやりくりできるようになってきました。未だに、やらないといけないものの期限がたまたまいくつも重なってしまったり、これは1時間で終わるなと見込んでいたものが3、4時間かかってしまって困ることはあるのですが。

――週休1日は確保できていますか。

水谷　確保すると決めないと確保できなくなってしまうので、その日に絶対に予定を入れないよう意識をしています。土日に予定が入ってしまう時は、その代わりに前後の平日で午後は何も予定を入れず半休にするとか、自分でバランスをとるようにしています。

――最近仕事で感じた楽しいことは。

水谷　最近引っ越したのですが、新しい部屋を探すときに市民運動で一緒にやっている地域の人たちが、あそこに良い物件があるとか、いい不動産屋があると教えてくれました。同世代の人も引っ越しを手伝うよと言ってくれて。立場や世代が違っても、皆友達なんだと思えて嬉しかったですね。

事件が終わった後も、自分を頼もしいと思ってくれた人はまた相談に来てくれたり、新しいお客さんを紹介してくれたりするので、事件の依頼者も人によって付き合いは長く続きます。うちは地域に根ざした事務所なので、普通に休日ぷらぷら歩いているときに依頼者の方と出くわす時があって、気を抜いている瞬間を見られて恥ずかしいなとは思うことはあります（笑）。

――代々木総合法律事務所ではどのような活動が多いですか。

水谷　弁護士によって力を入れている分野が違います。労働事件や貧困問題、高齢者などの後見人になって活動する人もいるし、離婚案件が多い弁護士もいる。特徴的なのは地域に根ざしているので、区議の方が地域に住む方から相談を受け弁護士案件を持ってきたりします。例えば、隣の家がゴミ屋敷になってしまった方の事件を担当したこともあるし、今やっているのはマンション建設工事による問題。工事が進む中で騒音や振動があり、周りの住宅や敷地にヒビが入ったり、日中ストレスが大きすぎて家にいられないとか、飼っている犬がストレスで病気になったとか、粉じんがすごいので洗濯物を外に干せないとか、マンションが完成したら自分の家がマンションの廊下から丸見えになってしまうとか、多くの問題が生じています。住民十数人の側に立ってマンションの施工業者と交渉したりしています。他にも、区民から区の財産処分のあり方について疑問が寄せられ、区に対する住民監査請求を行ったりしています。

同性婚訴訟、当事者たちの「何気ない日常の幸せ」が認められてほしい

――同性婚訴訟について聞かせてください。

水谷　ＬＧＢＴに関することは大学の頃からやりたいと思っていて、２０１５年、修習生の時に「ＬＧＢＴ支援法律家ネットワーク」に入りました。ちょうどその年、ネットワークの有志の弁護士が代理人になって、日弁連に対して「同性婚ができないことは人権侵害だ」という人権救済申立てが始まりました。人権救済申立手続というのは、「人権が侵害されている」という申立てに対し、日弁連が「人権侵害があるかもしれない」と判断した場合にその有無を調査して、人権侵害があるという結論になれば、加害者に対して勧告したり意見を出したりして是正を図るものです。弁護士になってから私も人権救済申立弁護団に加わりました。ですが、この申立てに対してなかなか日弁連が結論を出さなくてヤキモキしました。結局、日弁連が結論を出す前だが訴訟に踏み切ろう、ということで提訴したのが２０１９年2月14日の全国一斉提訴。その後２０１９年7月に「同性婚ができないのは人権侵害だ」と日弁連が意見書を出しました。当事者が声を上げることで日弁連が動いたことは、訴訟をする上でも励ましになりました。

――今の訴訟の状況をどう受け止めてますか。

水谷　国の反論がひどいですね。さらに、裁判官もなかなか原告の声を聞いてくれません。一

方で、傍聴に来てくださる人はたくさんいて、傍聴席が埋まったりメディアがすごく取り上げたりしてくれるので、ありがたいなと思います。ただ、何回も期日があると、メディアもずっと注目してくれるわけではありません。記者の方に予め連絡を取ったりして、少しでも注目してもらうために努力しています。支援者はみな熱心で、傍聴を希望しても抽選に外れ傍聴できない人もいますが、そういう人が期日が終わるのを待って、期日の後の報告集会に来てくれたりします。訴訟の期日は平日昼間で、働いているのに有給を取ってきてくれたりするのもありがたいですね。

――社会的な動きを盛り上げるために努力しているという状況でしょうか。

水谷　そうですね。訴訟の弁護団とは別に、同性婚の実現に向けたアクションを起こすための団体「Marriage For All Japan」を立ち上げてイベントを開催したり、講演活動したり、議員を回ったりしています。提訴した2019年2月14日は提訴記念パーティーを開催しました。提訴から1か月後のタイミングでもイベントを開き、LGBT当事者を公表している著名人に来てもらいメッセージを寄せてもらったり、外国の大使館の人にも来て頂きました。ある大使館から挨拶に来て頂いた方はゲイの当事者で、「このパーティーの後、パートナーと結婚します！」と話していたのが印象深いですね。団体の代表は、企業など色々なところに招かれ講演活動もしています。私自身もLGBTに関する学習会に呼ばれ、市民向けに話しています。LGBTそのものがテーマでなくても話すようにしていて、たとえば憲法についての学習会でも

2018年東京レインボープライド時に同性婚人権救済申立弁護団が配布したウチワ

人権侵害があることの一例として同性婚のことを紹介したり、個人がそれぞれの生き方を尊重して生きていくことの一例として、どのような性のあり方であっても尊重されなければならないという話をしています。

――国会議員の関心度合いはどうですか。

水谷　関心を持っている人もいるし、持たない人もいます。ＬＧＢＴについて理解を示しても同性婚は認められない、という人もいますね。今度、衆議院議員会館で集会をやるので、国会議員はもちろん一般の人や色々な会派の人に来てもらえたらと思っています。訴訟の原告や同性婚を求める当事者の方を招いて話してもらい、議員に聞いてもらう。生の実態である当事者の声を聞いてもらえる場をどれだけ設定していけるかが、非常に重要なポイントだと思っています。

――同性婚訴訟ではどのような主張をしているの

ですか。

水谷　同性同士のカップルは異性間のカップルと何ら本質的に変わらないんだ、だから同じように結婚という選択肢が人権として保障されている、と主張しています。原告たちカップルが特殊な存在ではないと、自分自身、原告に会うたびに思います。それを裁判官にも社会にも感じて欲しいのです。

法廷では、原告自身に意見陳述してもらい、自分たちカップルの生活や苦しみを裁判官に向けて直接話してもらっています。東京のある原告は意見陳述の冒頭で、パートナーと仕事の帰りの時間を合わせ、スーパーで一緒に夕食の食材を買うこと、時々外食すること、映画やドラマを観たり、ユーミンのライブに行ったりする、何気ない幸せな日常生活を語りました。ここで私は泣いてしまいました。本当に普通の人、普通の家族だ、と。他の人たちと同じように日々の幸せがあって、男女だったら法的に保護されるのに、同性同士だったらそれができないというのが本当に悔しい。同じく別の東京原告は、自分が仕事で疲れて遅く家に帰ると、パートナーが『ちびまる子ちゃん』を見てケラケラ笑っている、そんなパートナーといると幸福感に包まれる、と語りました。こういう何気ない日常を過ごしている普通のパートナー同士なんだということを、多くの方に知って欲しいです。まだまだ同性同士のカップルの姿が社会にとって見えるものになっていません。差別や偏見があるから自分達がパートナー関係にあることを当事者たちがなかなか明らかに出来ないし、社会の多数の人たちが彼ら彼女らを特殊な人

とある平日のスケジュール	(時)	とある休日のスケジュール
入浴、就寝	0	推理小説を読む
│	1	入浴。風呂でも小説を読む
│	2	就寝
│	3	│
│	4	│
│	5	│
│	6	│
│	7	│
起床、同性婚の実現を目指す運動のネット会議	8	目が覚める。二度寝する
朝食、弁当を作る、通勤	9	│
10時30分頃事務所に到着、メールや電話の処理	10	起床、お好み焼きをつくって食べる
事務所で遺産分割調停事件の依頼者と打ち合わせ	11	録画していたアニメやドキュメンタリー番組を観る
事務所で事務局や弁護士と昼食	12	│
事務所で破産事件の依頼者と打ち合わせ	13	地域の再開発に反対するローカルデモへ見守りに行く
翌々日に行う打ち合わせのための準備（調査して資料をまとめる）	14	│
事務所で労働組合事件の相談	15	│
事務所で損害賠償請求事件の方針を共同受任の弁護士と協議	16	│
書面作成しつつ随時電話やメールに対応	17	無事にデモが終わり、参加していた友人とインドカレーを食べる
弁護団会議	18	友人とバーに移動して地域のバンドの生演奏を楽しむ
大学病院にて労働組合の学習会で講師	19	│
学習会の参加者と食事。日本酒を楽しむ	20	│
懇親会	21	バンドの演奏は終わったけれど飲み続ける
│	22	│
帰宅、ゆっくりお茶を飲む。入浴	23	解散。帰宅
│	24	│
日中は細々したことでバタバタするので、思う様に起案がはかどりません。用事のない夜にまとめてバババババーンと起案することが多いです。		だらだらして過ごしました。弁護士として地域の市民の運動に根差して活動しているので、地域の友人ができます。

たちと思い込んでいる。原告がこの訴訟を通して自分達の生き様を社会に見せることで、つまり同性同士のパートナーを見える存在にしていくことで、社会の中で同性カップルの受け止められ方は変わっていくと思います。原告の覚悟はすごいし、それを見ていると「じゃあ私自身はどう生きるのか」ということを突きつけられる。私も原告と同じかそれ以上に頑張らなきゃいけないな、というのをいつもいつも感じます。

裁判で原告に話して頂くのにもう一つの大事なポイントが、自分で自分自身のセクシャリティを受け容れられなかったりという悩みを抱えて生きてきたこと。同性同士のカップルが社会にたくさんいるという認識が広まれば、他のＬＧＢＴにとっても生きやすい社会になります。同性カップルにとどまらず、誰もが自分に誇りを持って生きていける社会になればいいと思います。男女カップルでも法律婚をしたくない人もいるし、パートナーがいらないという人もいる。それぞれが自分の選択肢を尊重されて、同じ選択肢のあるスタートラインに平等に立てるようにしたいですね。

政府の統計を見ても、ＬＧＢＴの方は自殺のハイリスク層です。少しずつ変わってはいますが、今でも、メディアを見ると嘲笑の対象にされていたりする、家族の中で理解してもらえない、学校の中で理解を得られない、友人との会話で同性愛を笑いの対象にされると自分のセクシャリティを打ち明けられずに一緒に笑う側に回らざるを得ない、そういう中で孤独感を深めて精神疾患にかかる人もいます。また、職場でハラスメントを受け退職せざるを得なくなったりすることもあり、その結果貧困に陥る人もいます。差別は命にかかわる問題です。

――もっとこうなりたいと思うことはありますか。

水谷　同性婚訴訟で最近感じたのは、裁判官の進め方がおかしいときに「おかしいんじゃないか」と堂々と言えるようになりたいということです。東京の裁判官は、原告の意見陳述も尋問も要らないんじゃないか、と平気で発言します。法廷でその言い分はおかしいと思いましたが、あっけに取られてしまい、すぐに切り返して反論できず悔しかったです。法律家になるにあたり、裁判官が訴訟指揮し、弁護士はそれに従って手続を進めるのが前提だと学ぶので、裁判官相手に「おかしい」と意見することをためらってしまうのです。期日が終わった後に「もっと言い返せば良かったな」とか「こういう言い方をすれば良かったな」とかすごく後悔しています。

訴訟や運動全体では、もっと大局的な見方を出来るようになりたいです。日本社会の大きな流れの中でこの訴訟がどういう位置づけにあるのか、時代の変化を訴訟にどう生かすか考えていくのが大事だと思います。まだ若手なので、相手の書面がこう出てきたからこう反論しよう、ということで頭がいっぱいになってしまう。ベテランの先生が凄いなと感じるのは、そういう大きな視点があることですね。

――ご自身の弁護団での役割は。

水谷　原告の女性カップル一組を担当しています。お二人が婚姻届けを区役所に出しに行くのに同行したり、お話を聞き取って書面を作成したり、意見陳述の準備をしたりしています。また、結婚についての社会の意識が変化していることを裏づけるための統計調査も担当しています。様々な政府や研究所の統計を探って、「子どもを育てることこそが結婚制度の役割なんだ」とは思っていない人が増えてきていて、「大事な人と一緒にいるのが結婚制度の役割」と考える人もけっこういるという資料を集めたり。結婚という制度は子どもの出産・養育のためだけのものではないから、同性カップルが子どもを出産・養育しないとしても、同じように結婚制度を使う権利があるはず、という裏付けに使います。運動面は、ＳＮＳでの情報発信やロビー活動もしています。

――そのほか、思い出深い事件はありますか。

水谷　病院職員の方の事件ですね。その方の職場では、残業代不払いが当たり前で、賃金支給基準が不明確で院長のお気に入りの人は給与が多く貰えたり、雇用契約書も作ってもらっていない人もたくさんいるという状況。こういった問題を解決させるために、その方は労働組合を立ち上げたのですが、上から言いがかりを付けられ解雇されたのです。解雇無効を主張して裁判所で地位確認仮処分の手続をしていたところ、裁判官から「病院側の主張する理由では解雇できない」と言われ、病院側は解雇を撤回しました。しかし、病院側はその方を職場に戻さず、自宅待機させた。これは、その方を職場に戻すことで病院内での労働組合の活動が再開してしまうのを病院側は防ぎたかったからです。そこで、労働組合の活動を守るための不当労働行為救済申立という手続を開始し、職場に復帰させるよう求めました。自宅待機が始まってから1

年ほど経った頃、職場に戻すよう求める手続の途中であるにもかかわらず、「配転」ということで病院ではなく「分室」という名目のアパートの一室でひとりで作業をすることを命じられました。「調査業務」という名目でパソコンで調べ物をして資料を作る、という仕事を与えられましたが、その手の資料は誰かがやらなくても病院の出入り業者が持って来てくれるもので、本来不要だったはずのもの。そのアパートの一室は、たった5・5畳しかない部屋で、室内に監視カメラが2つ付いています。監視カメラに映らないのはロフトとトイレだけですが、ロフトに上ることは禁止されているため、ずっと監視カメラに見張られている状態。彼は精神的にも肉体的にもどんどん追い詰められていきました。再び裁判所での手続を起こし、この配転は無効で、分室で勤務する義務はないと主張しました。結果的に、この配転は不当だということで裁判官が熱心に病院を説得してくれて勝利的な和解になりました。

このたたかいを支えたのが、労働組合の仲間の皆さんでした。たくさんの組合員が毎日LINEで彼にメッセージを送り、彼はそれを昼休み中に見たり自宅に帰ってから見ることで励まされました。自分としては、労働組合を立ち上げる人間を雇う側はここまで敵視するのかとショックを受けると同時に、仲間とたたかうことがとても大事なんだと学ばせてもらった事件でした。私としては弁護士になろうと思った動機と繋がる仕事で、医療や介護の現場で働く人と一緒に行動できて嬉しかったです。

――原告の方との思い出深いやりとりは。

水谷　原発事故の被害賠償を求める訴訟で担当した原告さんから「先生は私のヒーローです」と言われたことですね。また、言葉にするとありきたりですが、出会った時に暗い顔だった依頼者がだんだんと笑顔になっている姿を見かけることができたりする、そういうのがすごく嬉しいです。悩み落ち込んでいる依頼者に、私と話しているときには普段言えない辛さを話せるからとてもありがたい、と言ってもらえたり。依頼者のかかえる悩みは深刻だからこそ、友人にはなかなか打ち明けられないということが結構ある。思い詰めた顔で「先生、私週に1回は死にたいと思うんです」と言っていた人が、会う回数を重ねていくと「じつは週3回なんです」「実は毎日なんです」と打ち明けてくれたことがありました。初めは、毎日死にたいと思っていることはためらいがあって言えなかったのに、死にたいくらい辛いという気持ちを安心して話せる相手だと思ってもらえるようになったんだと思います。

――人権活動と生活の両立はどうしていますか。

水谷　憲法の学習会の講師で会った人が相談に来てくれたり、自分の友人が困ってると紹介してくれたり、ということもあります。お付き合いのある病院の方と一緒に、「老後に備えるための医療や介護の観点からのお話」というテーマでコラボして学習会を開いていて、私からは相続の話をしたりします。参加者には、日々の不安を解消しつつ、困った時はこの病院、法律事務所を頼ろうと思ってもらえたらいいな、と思います。社会的な取り組みと営業努力をうまく両立させることを常に模索していますね。

水谷弁護士の10問10答

1	好きな音楽は？	THE BLUE HEARTSの曲を聴きながらランニングするのが好きです。
2	好きな映画は？	「パレードへようこそ」「ひつじのショーン　バック・トゥ・ザ・ホーム」「ナイトミュージアム」
3	弁護士にならなかったら何になっていた？	デザインやイラスト関係の仕事に憧れています。
4	好きな動物は？	うさぎ、シャチ
5	好きな四字熟語は？	不屈 （2文字足りなくてすみません）
6	座右の銘は？	「陽気の発する処、金石も亦透る」
7	好きな食べ物は？	鯵の干物（鯵を食べたくて修習地は静岡にしました）
8	自分の前世はなんだと思う？	海辺で鯵の干物を作る人
9	好きな本は？	ディックブルーナ『ミッフィーのおばあちゃん』推理小説、ミステリー小説も好きです。
10	好きな歴史上の人物は？	萩尾望都（漫画史の一時代を築いたと言って過言ではないでしょう）

弁護士を目指すあなたへ

学ぶことを楽しんでください。

司法試験のためだけの勉強は、
最初はあんまり楽しくないと思います。
途中で嫌になる瞬間もきっとあります。

うんざりしそうな時は、青法協の弁護士に
会いに来てください。

実際の事件を通じて、「権利」や「人権」
「個人の尊厳」が現実に生きる生身の人間
一人ひとりにとってどんな意味をもつのか、
ぜひ知ってください。

"弁護士として自分に何ができるか"が
見えてくると、日々学ぶことがワクワク楽しい
ものに変わると思います。

水谷陽子

コラム①

弁護士になるためには

「あ、流れ星！」

杏花が頭上を指差す。

「え、どこどこ？」

蒼太は慌てて杏花の人差し指の先を見上げる。

「……何もないけど」

「流れ星なんだから流れて無くなってしまうのは当たり前じゃん」

杏花が大げさにため息をつく。

蒼太と杏花は幼馴染でもなければ恋人同士でもない。しかし、この日は数年に一度の流星群を見るために、杏花の住むマンションの屋上で2人きりで星を眺めていた。

もっとも、流星群はなかなか訪れず、退屈になった蒼太は、杏花に見つからないように影に隠れて、プレイヤー同士が育てたモンスターを使って領土を奪い合うオンラインスマホゲームをしていた。

「蒼太、プレイヤー同士が育てたモンスターを使って領土を奪い合うオンラインスマホゲームなんてしてる場合じゃないんだからね。ほら、ちゃんと空を見て」

完全にバレていた。これはもう従うしかない。蒼太はスマホをポケットにしまうと、先ほど杏花が指を差したあたりを見つめた。

「流れ星を見つけたら、ちゃんとお願い事をするんだよ。分かってる?」

「もちろん。流れ星が消える前に願い事を3回言うと、その願いが叶……」

「あ、蒼太! 流れ星!」

「本当だ!! ……えーっと、お金持ちの弁護士になりたい、お金持ちの弁護士になりたい、お金持ちの……ああ、消えちゃった。惜しい」

「『お金持ちの』とかいう修飾語が入ってなければ3回言い切れたはずね。己の浅ましさを恥じなさい」

杏花の的確過ぎる指摘に、蒼太は、あははと乾いた笑い声で答えることしかできなかった。

「っていうか、蒼太って弁護士になりたかったの?」

「そうだよ。知らなかった?」

「初耳。じゃあ、大学は法学部を受験するの?」

「うーん、どっちかというとJ-POPよりも洋楽の方が好きかな」

「邦楽じゃない、法学。蒼太、弁護士になりたいのにそんなことも分からないの？　どうすれば弁護士になれるか分かってる？」

「あれでしょ、職業を決めてくれる神殿に行けばいいんでしょ」

「これだからゲーム脳は……」

杏花が先ほどにも増して大きなため息をつく。

「弁護士になるには、司法試験に合格する必要があるわ。司法試験は、最難関の国家試験よ」

「なるほど。じゃあ、僕、調理師を目指すよ」

「諦めるの早いわね？　たしかに未だに司法試験は最難関だけど、法曹人口を増やすための改革（司法改革）が行われて、２００６年に新司法試験が始まって、間口はグッと広がったの。旧司法試験の合格率は1～2％程度だったけど、２０１９年の新司法試験の合格率は33・63％なの」

「えっ、そうなの？　じゃあ、今度、試しに司法試験受けてみる。次の試験はいつ？　僕、試験前にワーッとまとめて勉強するの得意なんだ」

「ダメよ。一夜漬けでなんとかなる試験ではないわ。それに、そもそも、あなたに受験資格はないの」

「え!?　そんなの差別じゃないか!!　僕には市民権を認めてくれないのか!!」

勢いよく立ち上がった蒼太を、杏花がなだめる。

「ちょっと落ち着いて。違う、そうじゃないわ。誰も生まれつき受験資格を持ってる人はいないの。司法試験を受験するためには、①法科大学院を卒業するか、②予備試験を合格するか、のいずれかの条件を満たさないといけないの」

「なるほど。そうだったのか。それを先に言ってよ」

蒼太がベランダに置かれた椅子にゆっくりと腰掛ける。

「説明には順序というものがあるのよ。で、順序立てて説明すると、まずは①法科大学院卒業ルート。法科大学院は、既修者コースと未修者コースに分かれるの。既修者コースは2年で卒業、未修者コースは3年で卒業よ」

「え!? そんなの差別じゃないか!!」

再び立ち上がろうとする蒼太を、杏花が静止する。

「蒼太、いつからそんなに差別に敏感になったの？ 落ち着いて、差別じゃないわ。ちゃんとした理由があるの。既修者コースは、大学で法学部を卒業した人のコースなの。法学部以外の学部を卒業した人が未修者コース。未修者コースに入る人は大学で法律の勉強をしてないから、法科大学院に1年間多く通うのよ」

「なるほど。じゃあ、大学で法学部を選んで、法科大学院を既修者コースで入れば、最短で6年（大学4年、法科大学院2年）で受験資格を得られるんだ」

「その通りよ。他方で、大学で経済学部や工学部だとか法学部と関係ない学部を選ぶと、少し遠回りかもしれないけど、法律以外の専門分野という武器を身につけられるわ。たとえば、大学で医学部を出て未修者コースを卒業すれば、医療過誤事件で大活躍する弁護士になれるかも」

「僧侶と魔法使いを極めると賢者になれるっていうことだね！」

一瞬の沈黙。

「ゲーマーの言っていることは私にはよく分からないから、話を先に進めるわね。司法試験の受験資格を得るための2つ目のルートが②予備試験合格ルート。これは弁護士になるための近道だけど、狭き門よ」

「どういう意味？」

「つまり、予備試験を受けるためには年齢制限や資格制限がないの。過去には18歳の大学生が予備試験に合格した例があるわ。そして、予備試験に合格しさえすれば、法科大学院を卒業しなくても司法試験を受けることができるの。法科大学院に通う時間的・経済的余裕がない人にとって予備試験合格ルートは魅力的だわ。ただし、予備試験の合格率は約4％。司法試験が最難関試験だとすると、予備試験は超最難関試験ね」

「うーん、弁護士資格を取るのは、なかなか大変なんだね。遊んで食べて寝てるだけじゃなれないいんだね」

「そのコジ◯ジみたいなスタイルではどの資格も取れないわ。たしかに弁護士になるのは決して楽ではないけど、かといって全くの不可能ではない。誰でも弁護士になれる時代よ。努力さえ怠らなければね。あ、言い忘れてたけど、司法試験を合格した後、弁護士になるためには、1年間の司法修習を経て、2回試験に合格する必要があるわ」

「ふーん、なるほどね。ところで、どうして杏花は弁護士になる方法にそんなに詳しいの？」

「実は、私も将来弁護士になりたいの。まさか蒼太と将来の目標が重なるとは思っていなかったわ」

そのとき、夜空に一筋の光が煌めいた。それに先に気付いたのは蒼太だった。

「あ、杏花、流れ星だよ」

「本当だ！ 美人でオシャレで知的で華やかな敏腕弁護士になりたい、美人で……、ああ、もう消えちゃったわ。まだ1回しか言っていないのに」

「杏花、他人のこと言えないよ……」

きくやま・ひろき

喜久山大貴

1988年5月6日生まれ、奈良県出身
神戸大学法学部卒業
神戸大学法科大学院修了
弁護士登録2017年（司法修習期69期）
市民共同法律事務所

大学で自分の価値観の乏しさに気付いた

――弁護士になりたいと思ったきっかけは何ですか。

喜久山　大学進学時期に社会に矛盾や不条理というものが当たり前に存在するものだということに気付いたことが大きいですね。私は中高一貫の男子校の進学校に通っていて、そこでの価値観に染まっていたことに気付きました。男性の人生は一本道であり、体力や学力を磨けば磨くほど評価されるという価値観です。

一方で、女性の人生には必ずしもまっすぐいかない部分があります。必ず進む先にリスクがある。たとえば東大に行けばいいわけでもない、キャリアを積んでいけばいいわけでもない。結婚や出産、育児、あるいは可愛げや華やかさといった女性に向けられる諸々の要請があって、ある道を選べば別の価値観からの要請との矛盾が起きてしまいます。自分が意識していない世界でした。なぜ自分がそんなことに気付かずに生きてきたのか、恥ずかしく思いました。

また、大学に入った頃、現代文を教えてくれた予備校講師が、主催している読書会に招いてくれました。そこで現代思想や哲学、フェミニズム、ポストコロニアル理論の考え方を勉強することになりました。ジュディス・バトラー、ミシェル・フーコー、ジョルジョ・アガンベン、ジル・ドゥルーズなどを勉強していく中で、自分の身に帯びている権力性や特権性を自覚したのです。それをどうやって解体していけばいいのだろうと思いました。

自身がまとっている特権性、社会的な階層構造に対する反抗や権力への抵抗、平等な社会をどう作るか、という問題を意識するようになり、そこで世の中をどうやって変えようか、どうまともな生き方をしていこうかと考えたとき、資本主義社会の中で格差を拡大するようなグローバル企業や権力の中枢で国体を護持するような仕事はとても選ぶことができませんでした。いかに人を踏みつけずに平等な社会を作るか、反差別を生き方において実践するか、ということを考えました。

そうした折、先に話した読書会の友人が「自分は学者になる。今の状況を打開するための理論を構築したいんだ」と言っていました。彼が学者になるんだったら自分は現場に行きたいな、と思い、それで弁護士を志しました。

それと、大学受験時代には「つぶしが利く」との浅はかな考えでとりあえず法学部に入学しましたが、法律学に触れることが苦痛で仕方なかったことも理由のひとつです。はみ出し者にどこまでも冷酷な法秩序の在り方も考え方も取り扱いも結論も、何もかもに違和感がありました。不正義を権威付ける理屈に与したくない、と思い、嫌いな法律をあえて使いこなせる立場になりたいと思ったのです。それもあって弁護士を目指しました。

権力との闘いに燃える

――実際に弁護士になってみてどう感じていますか。

喜久山　やりたいと思っていたすべてのことができているわけじゃないですが、今やっていることはやりたかったことの一部だと思っています。全然時間が足りてないですね。もっといろんなことをしたいのですが、まだそれは現実的じゃないなと思います。

労働事件をやると、基本的には使用者VS労働者。労働者が弱者の立場です。強い側と対峙できるという意義があります。労働事件をやっていて一番感じるのは、とてもいろんな種類の差別がそこにある、ということです。障がい者差別、女性差別、高齢者差別があれば、地域や学力による差別もある。それによって経済的に序列を付ける、という差別が労働の現場のどこにでもある。それを少しでも解消したり、その問題に触れながら闘えるというのはすごくやりがいがあります。

刑事事件は国家権力との闘いです。今のところどういうわけか否認事件の方が多いです。認め事件は認め事件で大変な仕事ですが、否認事件は特に刑罰を科そうとする国家権力と正面から闘っていると強く感じます。

――一方で、本人は否認しているものの疑わしい事件や、悽惨な犯罪を犯した凶悪犯の事件もあると思います。そうした被告人の弁護の時、どのように気持ちの整理をしていますか。

喜久山　刑事弁護人だから、ということではなく、強いものと弱いものだったら弱いものの味方になった方がいいという考え方でやっています。個別の被害者との関係では強い立場を利用した卑劣な犯罪もあるでしょうが、対国家権力という観点からは、被告人個人としては圧倒的に立場が弱くなる。そこで理不尽がないように自分が動くのだ、ということをまず考えます。

その他にも、たとえば窃盗は悪いものとされていますが、格差社会のもとでセーフティネットから零れ落ちそうになった人が、資本家のパンやおにぎりを盗むことを誰が断罪するのか。こういうとき、個人所有や社会秩序を保護する法体系そのものへの批判的な視点を持っていれば、彼／彼女の味方をすることに何らの矛盾も感じないでいられます。もちろん犯罪の現場では強い者と弱い者という分かりやすい形ばかりではありませんが、この社会構造の下では弱い者同士が争い合うように仕組まれているとも考えていて、そういう意味では闘うべき相手を間違えないようにしたいと思っています。

――労働事件の分野はどうですか。

喜久山　まだ偏りが出るほどの件数をこなしていないのですが、どちらかというと、自分は非正規労働の問題に関心があります。本来のあり方からすれば、有期雇用というのは長期間雇用することに比べてより好待遇にしないといけないと思っています。たとえば、数か月数年と長期間を前提としてマンションを借りるよりも、必要なときだけ利用するホテルの方が1日当たりで計算すれば割高なのは当たり前です。人を雇用するときにはこれと真逆のことが起きていて、フェアではありません。生活を不安定にしておいて、その上で搾取するということが起きているのです。

――先程おっしゃっていた「やりたいけど出来ていないこと」とは?

喜久山　本当はもっと弾圧救援をやりたいんです。今は個人的なつながりで話が来たものだけやっていますが、権力による弾圧は民主主義の根幹に関わる話です。デモや抗議行動に対し、警察や警察以外でも施設管理権をもっている大企業や大学、鉄道会社などが直接潰しにかかるというのはよくあることで、そこでの弁護士の役目はすごく大きい。実際に逮捕される人もいますが、逮捕されるだけでその団体、活動に対して社会的にダメージを与えられます。マスコミによる実名報道の弊害もすごくあります。自分を含め、多くの弁護士がもっと関わっていくべきだと思っています。ただ、相応の体力と時間がいりますね。

可能であればデモの現場に最初から参加して、警察による不当干渉や弾圧を抑止しつつ、いざそれが発生した際には目撃者、証言者になる。青法協の弁護士腕章を常に鞄の中に入れています。どんなときでも目の前で逮捕されたらすぐ行けるようにしてあります。

あとは、性暴力に対する問題。性被害を受けた人がそこに連絡して各弁護士につなぐ、というワンストップセンターが各都道府県にありますが、痴漢や親密圏での性暴力がまだまだ野放しにされています。この問題に取り組む男性弁護士もそれなりの需要があって、もっと積極的に関わっていくべきだと感じています。

それから、原爆症の弁護団に入っています。弁護士登録直後から原爆症認定訴訟の近畿弁護団に入って、国を相手に被爆者の救済を求める活動をしているのですが、原爆投下からかなりの年月が経ち、原告数が減っていっています。多くが80歳以上になっており、事件としては解決していなくとも、終わりに近づいてしまっています。

最近では京都で、朝鮮学校の代理人としてヘイトスピーチに対する告訴事件なども担当しました。朝鮮学校襲撃事件から丸10年が経過しましたが、同じような事件が続いているために、当事者たちの苦痛や恐怖はほとんど癒えていないと感じます。修習生時代の七月集会で取り上げて以来、朝鮮学校とはずっと関わっています。弁護士会の人権擁護委員会外国人部会でも朝鮮学校に訪問する機会を持ちますし、個人的にもつながりをもってイベント等に参加し交流しています。

――激しいヘイトスピーチを行うような人々に一人で対峙することは怖くはないですか。

喜久山　彼らも現場でヒートアップして何かやらかすというのはあるかもしれませんが、彼らが恨みを募らせてどうこうするとか、後ろを気にして歩かなきゃいけないという心配は、今のところしていません。現場で揉めて小突き合う、というのはあるかもしれないですが、自分はまだ体力があるのでいざとなったら何とかできるという感覚もあるし、ほとんどは威嚇であって犯罪に至るような行為まではあまりしてこないな、という感覚ですね。

――実際危険な目に遭ったことは？

喜久山　すぐ目の前で向こうが挑発してきた

▶▶▶ 喜久山弁護士ってこんな人

喜久山弁護士は、「忖度」とはかけ離れた弁護士です。

彼は、修習時代から今に至るまで、他人と意見がぶつかることも厭わず、信念や原理原則を貫いています。相手が親しい同期や先輩弁護士であっても批判をためらわず、理念を実践する彼の姿は、「空気を読む」「長いものには巻かれる」「忖度する」ことが当たり前の社会に生きる私たちに、何か大事なものを思い出させてくれます。

彼の問題意識は、リアルでの弁護活動のみならず、SNSなどのネット上でも貫かれています。オリンピック、天皇制、自衛隊、差別問題、ジェンダー問題などの様々な問題で発揮される問題意識は、その鋭さのあまり、弁護士を含む他の人に理解されないこともしばしばです。理解しない・されないだけなら別に良いのですが、彼の表現が気に入らないだけで弁護士会に懲戒請求する人までいました（なお、無事に懲戒しない旨の決定が出ています）。

懲戒請求にもめげずに活動し続ける彼も、今や１児の父親です。当然、超主体的に育児を行っており、刑事事件では子連れ接見も行うほどです。

同期の青法協会員として、今後の彼の活躍はもちろんのこと、彼の教育を受けて育つ子の成長からも目が離せません。

（辻田航）

ことはありますが、向こうも手を出したら自分がやられるということは分かっています。こちらが弁護士であるという点で抑止力も一定働いている気がします。他方、弁護士である以上、恨みを買う危険性とは隣り合わせでもあるので、自分のプライベートに関することは、あまり多くを開示しない方がよいのではないかとも考えています。

●HINOMARU弾圧事件に対応

——弾圧救援に関して言えば、「日の丸」を楽曲のテーマとしたRADWIMPSのコンサート前の街宣活動で逮捕された方を即時釈放させたと伺いました（※2018年6月26日、神戸市内）。逮捕の名目は何だったのですか。

喜久山　道路交通法違反です。交差点での停車禁止違反と免許証不提示ですね。警察に捕まったのは街宣車の運転手でした。

——喜久山さんが現場となったライブ会場前に到着した時には、すでに彼は逮捕されていた？

喜久山　はい。RADWIMPSのライブ会場前の道路は封鎖されていました。彼らはライブ会場前でライブに来る人たちに向けて街宣活動をしようとしていましたが、活動すること自体は事前にネットで予告していたので、ライブ主催者側が警察に相談し、結果として道路封鎖が行われたのでしょう。普段であれば進入することができる道路がその日に限って封鎖されていたため、街宣車に乗っていた1人がT字路の交差点で警察官に対し、なぜ入ることができないのかと問いただし、その間、街宣車が動けずにいたところ、7分間の停車禁止違反と免許証提示義務違反の被疑事実で運転手が逮捕されたのです。

現場に到着した私は護送車の前に立って、逮捕された男性を連れて行かないように交渉しましたが、結局車は走り去ってしまいました。最寄りの神戸水上警察署に連れて行かれたと聞き、すぐにそちらに。その街宣活動に参加している人たちはある程度運動慣れしているので、完全黙秘を貫いているだろうという確信がありました。警察署で「先ほど連れてこられた氏名不詳者と接見したい」と言い、40分ほど待って無事接見することが出来ました。

接見中に同期の弁護士から道交法のコンメンタールを送ってもらって、被逮捕者に今後の流れや法的見解を伝えて励ましました。接見が終わってから、支援者らと作戦会議をしました。さらに、もう一度警察署に戻って当直長に対し、捜査担当に声明文に書いたような内容をその場で書き留めさせ、必ず伝達するようにと要請しました。

地理的に不利でもあって、近隣の弁護士複数に連絡を取って協力を要請して回りました。その後、終電で自宅に帰りました。ネットに上げた声明は電車の中で起案し、午前2時か3時ごろにアップしました。

——声明の中身は？

喜久山　声明の中身としては、わずか7分間の停車禁止違反で現行犯逮捕することが異常であること、逮捕に伴う差押えの中で、街宣車とそこに積んでいたトラメガ（拡声器）を全て押収されたのですが、道交法違反とトラメガがどう関係するのかと。街頭宣伝をさせないための逮捕であったことは明らかでした。

そして、逮捕の現場はもともとT字路でしたが、本来左折して進入可能な道路がその日に限って封鎖されていたため、街宣車はそこで停まっていた。それを指して「交差点で停車していた」ことにされましたが、封鎖されていたならそこは交差点ではなくなり、直進道路になる、という主張をしました。それを翌日未明に声明文としてアップロードしたのです。

また、事実の問題としても、道路封鎖に対して街宣車に乗っていた1人が降りて警察官と押し問答になっていました。その間に警察官が集まって街宣車を取り囲むような形になっていました。そのような状況で街宣車は動かすことができなかったのであり、警察がそこに留め置いておきながら停車禁止に反したというのは明らかにおかしい。免許証の提示に関しては、そもそも道交法違反や危険運転などの前提があって初めて提示義務が発生します。停車義務違反もないから、免許証の提示義務もない。

警察の理屈だと、わずか7分間の中で、まず停車義務違反を認定し、しかる後に免許証の提示を求め、その後、一定の時間待っても免許証を提示しなかったという流れがなければならないですが、では、一体何分間で停車義務違反と免許証提示義務違反を認定したというのか、そういった内容でした。声明は深夜にアップしたにもかかわらず、それなりに拡散して読んでもらえました。

――結果として男性はいつ釈放されたのですか。

喜久山　逮捕の翌日でした。逮捕されたのが2018年6月26日の午後5時半くらい、それから水上署で彼と接見したのが19時ごろ。釈放されたのは翌日の昼過ぎだったと思います。

この件は逮捕されたら確実にニュースになってしまう。そうなると無茶苦茶なデマが飛び回るので、とにかくそれだけは防ぎたいと思いました。抗議が集中すれば警察も検察も仕事をし辛くなります。それほど手間をかけるべき事件なのかどうなのか、向こうも考えるから、その手間というコストをあえてかけさせる。そういう意味で抗議はすごく意味があります。彼が逮捕された時に周りにいた人や支援者が集まってすぐに警察署前で抗議行動をしましたが、それに対応するために警察官がたくさん出てきていました。それだけの人員を割いてまで身体拘束を維持する事件なのかどうかを向こうに判断させる、そういう闘い方です。声明をネットに上げたのもそうした戦略の一環。世間のデマも抑えられるし、その人の名誉も回復するし、警察に対する批判の声も広げられます。

――ちなみにライブ会場へは1人で行かれたのですか。

喜久山　前日までにほかの弁護士にも呼びかけましたが、都合がつかなかったのか、結局誰も来ませんでした。〝ヒノキミ〟の問題は「内心の自由」や公務員の労働問題として取り扱われることがあったとしても、日の丸それ自体の問題に対して最近あまり弁護士が関心を持ってやっていないように思えます。しかし、この問題はなぜか警察の弾圧も苛烈なものがあると考えています。

――釈放を勝ち取って周囲の反応はいかがでしたか。

喜久山　釈放されてから当事者や支援者で打ち合わせしましたが、本人は相当喜んでいました。

ちなみに、彼が釈放されるときも一悶着ありました。神戸水上警察署の留置施設は女性専用。だからどこか別の場所に移されるんだろうなと思っていたのですが、神戸市からとても遠い丹波篠山市の留置施設に彼は移送されました。絶対にもっと近い留置施設は空いていたのに、わざわざ山奥に。間違いなく接見妨害でした。向こうもこちらの体力を削りに来ていたのでしょう。声明を作りながら警察に何度も電話をかけ、どこに移送されるのか聞きましたが「電話では答えられません」となかなか明らかにしませんでした。通常、弁護人に対して移送先を明かさないという対応はしません。翌朝になって、実は篠山留置施設だということを知らされました。釈放になって篠山の留置施設を出る時も、警察は「その場で釈放して、あとは自分で帰ってもらう」と言いましたが、ふざけるなと。警察がわざわざ山奥に連れて行ったんだから神戸市内まで連れてこい、と主張して神戸水上警察署まで送って来させました。

●ヘイトスピーチ、生みの親は右翼ではなく政府

――朝鮮学校の代理人は、どういう経緯で受任したのですか。また、朝鮮学校問題については修習生時代から関心あったのですか。

喜久山　２０１６年の七月集会へイトスピーチ分科会で来てもらった弁護士経由で話が来ました。関心のある分野の最前線で活躍している人と出会えるというのは、七月集会の魅力だと思います。

民族差別の問題は修習生になる以前から関心がありました。弁護士としてやらなきゃいけないことがたくさんあると感じています。

――ヘイトスピーチについては川崎市の禁止条例があります。あのような動きは進んで欲しいですか。

喜久山　条例での規制は公権力による規制なので、一つのアプローチではあると思いますが、本質から目を背けることになっていかないかを注視していく必要があります。ヘイトスピーチの総本山というべき存在が、実は「ヘイトスピーチ、許さない」と宣伝している法務省です。外国人を一番差別しているのが法務省管轄の入国管理局だと考えています。彼らは見せかけの部分だけお上品にして、お上品な差別ができない連中を批判していますが、そういったお上品

ではない団体も、日本政府や日本の裁判所が普段からやっている民族差別のやり方をかなり真似ています。国が朝鮮学校を無償化から除外したのは朝鮮総連との支配関係にあるからだと言って公権力による差別を堂々と正当化し、裁判所もそれにお墨付きを与えている。卑劣な民族差別を扇動しているのは、他でもない日本政府と裁判所だということをはっきりと述べておきたいですね。

ヘイトスピーチはただ口を塞いで止めるだけでなく、その根源を潰さないといけない。つまり、条例で何とかしようということについて反対ではありませんが、同時に、公権力が人種差別の扇動をやめるよう働きかけることを忘れてはならないと思っています。もし更なるルールを作るなら、政治家や官僚など権力の中枢にいる人がヘイトスピーチしたらしっかりやめさせるとか、発言力をゼロにするとか、そういう方向性だったらいいと思う。このままでは社会では差別は絶対になくなりません。

とはいえ、現時点で立法に提言できる立場にあるわけではないので、その中で、当事者と差別者に対してそれぞれどういう態度を取ることができるか、ということだと思います。味方がこれだけいる、民族差別に黙っていない人がこれだけいるんだ、というの見せつけるのです。

私の祖父は琉球人で、自身のルーツの中に沖縄があるつもりでいますが、民族差別の文脈では、あくまでも日本国籍者としての責任がある。日常的な差別に晒されて生活している人たちがいるので、そこに日本人との間の非対称性というものを考えています。生存を脅かされてい

とある平日のスケジュール	(時)	とある休日のスケジュール
メールチェック	0	晩酌
就寝	1	就寝
	2	
	3	
	4	
	5	
	6	
	7	
起床・朝の準備	8	起床・育児
保育園へ送る・電車で通勤	9	育児（離乳食）
事務所へ出勤・京都地裁で労働事件の期日	10	（遊ぶ）
京都地裁で労働事件の期日	11	（遊ぶ）
昼食	12	（離乳食）
依頼者との打合せ	13	（遊ぶ）
	14	（遊ぶ）
銀行で被後見人の相続財産払戻	15	近所で買い物
事務所で電話対応・書面作成	16	
街頭宣伝	17	書面作成
事務所で書面作成	18	食事
	19	育児（離乳食）
	20	育児（遊ぶ）
電車で通勤・帰宅	21	入浴
食事・子ども寝かしつけ	22	子ども寝かしつけ
入浴・洗濯・部屋片付け	23	食器洗い・洗濯・部屋片付け
	24	
帰宅後の家事は調子のいいとき限定（翌日に回すことが多い）		

る人たちの傍に寄り添って、自分が味方になって盾にならなければとも思うし、当たり前に日本人として利益を享受してきた特権階級という意識を持つ必要もあります。

全力で闘うためには余力が必要

――人権弁護士は険しき道でしょうか。

喜久山　答えはまだ出ていないですね。人より体力があるから何とか回っていると思っています。ある程度稼げた時代の弁護士は、自分の実績を積んでさらに自分の興味がある仕事もやれたかもしれませんが、今の時代の若い人は同じやり方では出来ないかもしれない。どう工夫すればいいのか、自分でも模索中です。

一つには、自分で業務量と内容をコントロールすること。特に若手に回されるような雑務、団体活動は、それが息抜きや気晴らしになる人はよいですが、そうでないのであればうまく逃げるべきではないでしょうか。青法協や弁護団に若い人が入ってこない現状はある意味当たり前で、そこに注力すると食べていけないので。

そして、自分一人で仕事を抱え込まないようにする、若手だからやらなきゃという気持ちをあまり強く持ち過ぎず、逃げるべきところは逃げ、うまく他の人に振るべきところは振る。まじめに頑張ればそれが必ず実るというわけではありません。そういう根性論を打開するのが本来人権弁護士のやることだと思います。自分の出来ることだけやる、出来ないことはきっぱり断る。それはどんな世界でも鉄則だと思います。

誰かの支援活動をしている人でも、自分が頑張り過ぎて倒れてしまう人がいます。もちろんやる以上、責任は感じないといけません。自分がその物事を何とかできる権力や力を持っているのに動かないのは問題です。ただ、自分の立ち位置をまずは固めなければなりません。そうでないと人助けもできないので。積極的になんでも参加しましょう、手を挙げましょうとよく言われますが、ある程度顔は出しつつ、断るべき仕事は断る。そういう立場をなんとか早いうちに見つけられればいいんじゃないでしょうか。これはやっていますから他はやってくださいな、と言えるようにならないといけないですね。

ベテランに投げ返すことも必要です。期待に応えようとしすぎて身を滅ぼす人もいる。自分に余力を持たせないと、目の前に「これをやりたい！」と思う事件があっても飛び込めなくなる。思うままに全力で動くためには、日頃からある程度の余裕が必要です。

――弁護士になってよかったですか。

喜久山　天職だとは思います。こんなに楽しんでやれているので。私は楽しい仕事と楽しくない仕事があるとはあまり考えず、すべて面白いと思ってやっています。権力と正面から対峙して闘っている時が一番楽しい。燃えますね。

喜久山弁護士の10問10答

1	好きな音楽は？	スピッツをよく聴いており、カラオケでもよく歌います。
2	好きな映画は？	最近はあまり観ていませんが、おすすめはポン・ジュノ監督の「母なる証明」、クリント・イーストウッド監督の「トゥルー・クライム」、邦画ではドキュメンタリー映画で「さとにきたらええやん」など。
3	弁護士にならなかったら何になっていた？	弁護士以外にあまり考えていませんでした。強いていえば学問をやりたいと思っていました。何かしら自由とやりがいのある職業を考えて探していたと思います。
4	好きな動物は？	実家で飼っていたので、犬
5	好きな四字熟語は？	切磋琢磨
6	座右の銘は？	ぼちぼちいこか
7	好きな食べ物は？	バターを感じるお菓子
8	自分の前世はなんだと思う？	サギ師かまじない師
9	好きな本は？	エドワード・W・サイード『知識人とは何か』
10	好きな歴史上の人物は？	会ったことのない人を人格的に好きになるとか尊敬するとかはしません。また、歴史上に名前を遺さない人の生き様に関心があります。

弁護士を目指すあなたへ

勉強で挫けそうになったら
なぜ弁護士になりたいのか
突き詰めて考え抜いてみて下さい

喜久山 大貴

橋本祐樹

はしもと・ゆうき

1980年10月7日生まれ、広島県福山市出身
名古屋大学法学部卒業
関西学院大学司法研究科（法科大学院）修了
弁護士登録2011年（司法修習期64期）
北海道合同法律事務所

祖父は従軍、「平和のための憲法」を大学で意識

――弁護士を志したきっかけは何ですか。

橋本　法曹になろうと思ったタイミングと、人権擁護のために活動しようと思ったタイミングで二段階あります。法曹を目指したのは難しいことを考えていたわけではなく、独立した立場で社会のために活躍したいという思いがあった程度です。官庁など選択肢はあったかもしれな

いですが、どこかの段階で法曹の魅力を感じるようになりました。社会的に弱い立場の人のためとか、人権擁護のため、世界の平和のため、と考え出した時期として私の中で大事だったのは、大学に入った頃ですね。法学部には入っていたので法曹は意識していましたが、少しずつ平和が脅かされているな、と感じていました。広島県出身で遠い親戚に被爆者がおり、祖父から戦時中に中国大陸で人殺しの加担をさせられたとの話も聞いていました。祖父は15歳くらいで軍隊に入れられ、被服係として慰安所のシーツや慰安婦の衣類の交換をしていた、と隠さず教えてくれました。戦時中の話を涙ながらに話してくれるとてもいいおじいちゃんがそんなことをできるようになるというのが不思議でしたが、そういうことをやらせるシステム、どんないい人にも暴力的なことを強いるのが戦争なのだ、と思いました。戦争というシステムはない方がいいと、身をもって感じたのです。そして、そのような歴史の上に、平和のための憲法があると大学で学びました。

2003年、大学4年生の時にイラク戦争がありました。当時名古屋で大学生をしていましたが、政府が航空自衛隊をクウェートに送ると決定したのを見聞きして、平和憲法との関係で疑問を抱きました。アメリカの戦争に賛同する日本政府はおかしいと思ったし、派遣を命じられる自衛隊員への人権侵害になるんじゃないかと思ったのです。民主主義の政府がイラク戦争を支持する、自衛隊を出す、となったときに、私も加害者になるんじゃないかと思いました。つまり、自衛隊が海外で人を殺した場合、私も民主主義国家の主権者としてその政府を選んでいるということになるから、理論的には加害者になる。そんなことは耐えられないと考え、イラク派兵差止訴訟（名古屋訴訟）の原告になりました。その裁判期日に当事者として出廷する中で、弁護士になれたらいいなと心が傾いたのが一番のきっかけでしょうね。２００３年は大学を出て司法試験を受ける年でもあったので、どんな弁護士になりたいか自分の中で鮮明になっていきました。広島県出身で、戦争放棄を誓った平和主義にこだわって仕事ができる弁護士になりたいと思って勉強しました。

――弁護士のスタートは広島ではなく北海道だったんですね。

橋本　縁もゆかりもない北海道に就職したきっかけは、イラク派兵差止訴訟です。弁護士事務所の合同説明会に行ったとき、イラク派兵差止訴訟の全国弁護団の事務局長が北海道合同法律事務所の弁護士だと分かったんです。そういう訴訟や活動に関わる仕事をしたいと思い、北海道の事務所に決めました。

――イラク派兵差止訴訟の運動のうねりは凄かったですか。

橋本　裁判が起こる前から、反戦デモやキャンドルウォークなどに参加しました。社会が変わればいいなと思って参加しましたが、政府の判断に反対する主張を掲げて堂々と車道を歩くことで、「これが民主主義か」と自分の体で覚える貴重な経験にもなりました。一方で、「政治はなかなか変わらないんだな」という難しい側面も体験しました。同時に、「だから司法ってあるんだな」とも思ったんです。訴訟は、一審の名古屋地裁での期日は毎回法廷に行って（原告なので「傍聴」ではないんです)、法廷に立つ弁護士を見て「こういうふうになれたらいいな」という思いを抱いていました。

歌で弁護士の敷居の高さを解消したい

――ご自身の主張を歌にしてネット上で発表しているそうですね。

橋本 弁護士の敷居の高さを何とかしたいなといつも思っています。弁護士の人数が増えたものの、どんな仕事をしているのか、どんな人たちがいるのかよく知られていないので、弁護士の活動をもっと世の中の人に知ってもらいたいんです。弁護士の中にも、高尚なことを言える人もいればそうじゃない人もいる。私と同じ世代や若い人たちに届けばいいなと思って、弁護士の活動を工夫してやっています。若い人が声を上げられずに我慢してしまっているのが今の世の中だと思うので、そういう人たちにアプローチできればなぁと考えています。

政府に意見を言わなければこの国の民主主義は死ぬと思っていますが、意見書を出すとか硬派なやり方をやっている人は沢山いる一方、私はどっちかというと軟派なやり方で、今まで届かなかった人に向けて少しでも考えるきっかけになればいいなと。替え歌を歌うというのも、YouTubeで発信したのも偶然の産物だけど、敷居だけは低いやり方だと思ってやっています。私と同じ世代であったり、私より若い人たちがとても苦労しているのに声を上げられない、憲法や法律が届いていない状況をなんとかしたいんです。

――たとえばどんな状況ですか。

橋本　奨学金返済で困っている人がいますが、救済の手段を知らずにより悪化させているということがあります。替え歌は憲法とか昨今の政治情勢についてのものがほとんどですが、困っているけど何が原因で困っているか分からない、という人に届いて欲しい。奨学金問題についても、日本学生支援機構だけに問い合わせれば向こうが言ったことを正しいと思ってしまうかもしれないですが、弁護士は他の解決策をアドバイスできるかもしれないので、弁護士にもっと聞いてほしいなと思っています。ブラック企業問題もそうですが、契約書もなく、まともな就業規則もないのに、会社の言うことが正しいと思ってしまう人がたくさんいる。労働基準法を少し説明するだけでも、そんなこと知らなかった、と驚く人がたくさんいます。そういう人たちに動画等を使って説明するだけでも知ってもらえる。若い人はインターネットをよく見るので、少しでも引っかかって、今の社会の問題点に気づいて、自らの権利、身を守ることの役に立てればいいなという気持ちでいます。

● 7000ページの自衛隊派遣関連資料と格闘

――今まで扱った中で思い出深い事件や依頼者とのやりとりは何ですか。

橋本　北海道は自衛隊の事件が多いです。自衛隊は平和憲法との関わり、兼ね合いが問題になりますが、そうは言っても生身の人間が働いています。彼らは家族もいて日本国民のために働いていますが、政府の誤った選択で加害者になりうるし被害者にもなりうる。そういう基地が北海道にたくさんあります。自衛官の人権弁護団北海道というのがあり、そこに参加していますし、南スーダンＰＫＯ差し止め訴訟にも関わっています。南スーダンへのＰＫＯ派遣が憲法に違反していると主張している裁判で、派遣された自衛官が現地で日々どういう活動をさせられているのか、それにより自衛官の家族がどういう人権侵害を受けているのかを明らかにする訴訟です。現役自衛官のご家族が原告となっています。その訴訟の中で、南スーダンで自衛官はどんな

▶▶▶ 橋本弁護士ってこんな人

愛すべき同期、橋本先生との初めての出会いは、司法修習生の時、和光のいずみ寮でした。銀色スパンコールが全面に縫い付けられた内履き、カープファンならではの真っ赤な革バッグ、いったいどこでお買い物をしているのかいまだにわかりません。結婚式で、私のリクエストに応えた真っ赤なスーツを、まったく違和感なく着こなす姿に、招待客は彼を弁護士だとは思わなかったはずです。

でも、その外見とは裏腹に？やるときはやるのが彼です。司法修習生の給費制廃止の問題、奨学金や学費の問題、ブラック企業の問題など、社会正義のため全力で取り組む弁護士なのは間違いありません。

それから、仕事が終わった夜中の岩盤浴、８時間耐久自転車レース、ボーリング、橋本先生は全力で遊ぶ人でもあります。いつ寝ているのか不明です。

そんな彼に私がバレンタインデーに贈るのはシルベーヌ。もっとおしゃれなチョコレートもたくさんあると思うのですが、親友ご本人のリクエストなので仕方がありません。これからも毎年シルベーヌを大量に贈り続け、毎年「多いよ！」という突っ込みを聞き続ける関係でありたいと思っています。

（皆川洋美）

活動をしているのかを探るのが私の仕事でした。

日報問題は国会でも取り上げられましたが、裁判でも使いたいと思い入手しました。2016年6~9月の3か月分の日報が開示されました。日報の正式名称は「南スーダン派遣施設隊日々報告」といい、派遣された隊員が毎日作成し、1日分だけで70ページ近く、全部で7000ページ以上ありました。開示された日報は、重要と思われる部分が黒塗りで出てきました。約7000ページに及ぶ日報を全部一人で分析し、それを300ページくらいの書面にまとめました。黒塗り部分の内容はわからなかったですが、それ以外の部分の記載だけからでも、生身の人間で隣人として過ごしている人たちが危険な目に遭ったことが分かったし、家族は不安に思うだろうし一日も早く帰って来てほしいとも思っていただろう、と感じました。分析は大変でしたが、これを明らかにすることはとても大事だと思っています。こういう事実があったら、国会だけでなく司法の場で憲法との兼ね合いを判断しますが、裁判所が憲法9条との関係で違憲と判断せざるを得ないんじゃないかと、私は司法にいる立場として期待したいです。

一人で分析するのは過酷に思えますが、一人でやらないと一貫した目の付け所では分析できません。それに加えて、誰も知らない南スーダンでの出来事を一から分析して発信することの意義も感じていました。もちろん黒塗りなのですべてではないですが、黒塗りでない部分に書いてある事実を拾い、毎日の報告内容をつなぎ合わせて分析する作業は、弁護士だから出来る仕事だと思います。もし、南スーダンの現地の情勢を裁判所がきちんと判断して違憲判決が出

橋本弁護士が分析した自衛隊南スーダン派遣に関する日報

たら、世の中が変わるきっかけになる。もし違憲判決でないにしても、おかしいよねという意味のことが一言でも触れられたら、政府の対応や社会を変えるかもしれない。そう思うと、自分がやりたいことは法曹の仕事にあると実感します。

南スーダンには北海道の部隊と交代で東北の部隊も派遣されましたが、２０１７年には撤退しました。まだ判決は出ていませんが、日報に書いてあることがこうだと裁判で主張したことで、国も「これ以上のことがあったら危ない」と判断したのだと思いたいですね。私だけでなく色々な人が現地の事実を書いたことでの変化でしょう。南スーダンに行った自衛官たちが命すれすれの危険な目に遭ったということが認められて撤退したのであれば、社会を変えたいという活動をしたかった者として、少し関わることができたかなと思います。

――黒塗りは自衛官が危険な目に遭ったことを表現

した部分だったのでしょうか。

橋本　その通りです。南スーダンで緊張状態が続いており、国内各地で抗争が起こり、次第に戦闘と言わざるを得ない甚大な被害が生じた事実や、それに伴い自衛隊の宿営地や自衛隊員の生命に迫っていた危険、自衛隊に付与されていた任務を超えた任務を行わされたことや、それに伴っての外国の部隊とのやりとり、持って行った武器と使用状況、隊員のけがや病気の発生などが黒塗りにされていると推測されます。全部は分からなくても、とても大変なことが起こっていたのは、黒塗りの前後の文章を見ればわかります。2016年7月に南スーダンでジュバ・クライシスという大規模戦闘が起きましたが、それが起きる前と後とでは、宿営地の警戒度が違う。大規模戦闘が発生し数日続いている中で、黒塗りの部分が増えました。自衛官が今までに無かった対応を現地で強いられ、命すれすれの状況に置かれていた、というのが見てとれました。分析には1、2か月はかかったしゴールデンウィークも潰れましたが、私がやりたい活動だったので苦にはならなかったですね。

――自衛官も危険なところに派遣されたくないとは言いづらいでしょうね。

橋本　自衛隊組織の中にいると言いづらいですよ。戦時中の特攻隊も志願して行きました。自衛隊員も志願して行ったと思う、そうしなければ目立ってしまうから。行きたくない、という人がいてもそれは人権上認められなければいけないので、そこは改めてもらえたらと思います。南スーダン派遣の時は自衛隊員のためのホットラインを開設しましたが、自衛官本人からは相談の電話は来ずに、家族から「行かせたくないんです」という相談が結構ありました。自衛隊員の息子を持つ親は、「平和憲法があるから、公務員だからと応援して入れたのに、自分の息子が所属している部隊まで派遣される状況になってしまったのでやめてほしいと思った」と言っていました。息子さんにも家族がいる中で、「親の口から簡単に自衛隊をやめなさいとは言えない。本人が決めたことでもあるので」とも言っていましたね。政府の考え方が、息子さんが自衛隊に入った当初から変更されなければ、行くことにはならなかったはずです。

北海道では自衛隊は、雪まつりの雪像を作ってくれたりと市民に近い存在です。だけど、いざ政府が命令を出せば、命の危険を伴い、誰かを傷つけるかもしれない。それでも一人ひとりの隊員は志願して紛争地に行きたいと言わざるを得ない。自衛隊員が自分の意見を自由に言えれば、平和な組織になると思います。

――修習生の給費制問題や奨学金関係も弁護団活動でやっているのですか。

橋本　そうですね。私は64期で司法修習を行ったので、司法修習期間中に国から給費をもらえましたが、私たちの1期下から給費がもらえなくなってしまいました。司法修習生は他で働いたりできないので給料が必要で、それがなければ司法修習に専念できず、しっかりとした修習ができなければ、ひいては基本的人権の尊重とか社会正義の実現が出来なくなる可能性もあります。三権分立の一翼を担う司法が成り立たなくなるのです。だから修習生のころから給費制の復活を掲げて活動していて、弁護士になってからもやっていました。

しかしその後、大学生のローンなども大変な問題なんじゃないかと指摘されることがあり、色々と調べ始めると、日本学生支援機構の奨学金も借金だし金額が大きくなるのに、借りている意識がないまま多くの大学生が借りていることがわかりました。また、遅延損害金は当初年10％だったのに、危険性が認識されておらず問題だなと思いました。当時は取り組んでいる弁護士もほとんどいませんでしたが、給費制と同じように取り組まないといけないし、人数の規模感も違う大きな問題だと感じました。放置すれば学生本人や家族を不幸にしてしまう問題で、これは出会いだ、自分が取り組むべきだ、と感じたのです。いまも北海道で奨学金訴訟をやっているほか、勉強会をしたり相談会をしたりすることで少しずつ知られていって、電話での相談も日々受けています。

南スーダンの日報問題もそうだし、この奨学金の問題もそうですが、ほかの弁護士がやっていない大変な問題は結構あります。弁護士はまだまだやることがたくさんある。この本を読んでいる人で学生のみなさんがいれば伝えたいのは、今までの弁護士がやったことのない分野、これからはじめて切り開かれる分野が結構あるんじゃないかということ。他の人が見向きせず通り過ぎることも、この本を読んでいる人が持っている感性によってはじめて気付かれることがいっぱいあるんじゃないかなぁ。社会で起こる色々な事柄に疑問を持ったり発信したりすることは、将来的にはプラスになると思います。私自身、給費制の問題に取り組んでいなかったら、奨学金の問題にも気付かなかったかもしれないです。

● 弁護士としての「キャラ作り」は重要

——訴訟を皮切りに運動を大きくしていくコツは。

橋本　まずは近くにいる弁護士さんに、「一緒にやらない？」と誘っていくことから広がっていきます。電話相談を続けていればそのうちマスコミが動いてくれたり、市民から応援を頂いたりもします。奨学金問題だったら大学事務職員や高校教員などが関心を持ってくれましたし、若い人が「一緒に行動させてください」と言ってくれたりします。学生で参加してくれる人もいて、私たちに分からない生身の声が出てくるんです。関心は広がっていくものなのだろうなと思います。

そうした活動のやり方は人によりますね。私はライトに、面白く発信することを心がけています。今は難しい話をしても若い人が飛びついてくれる時代ではないと思うので、少しでも「この人が困っているなら（何かしてあげても）いいかな」と思ってくれるようなキャラ作りが大事。というか、もともとこういうキャラなので、これでいいかなと。今まで法曹の敷居が高かったので、私がライトに振る舞うことで少しでも敷居が低くなればよいかなと思っています。私のやっていることは入り口を作ること。入り口は敷居低く、入りやすく、来てくれたらわかりやすく。若い人に何かを勧めようという意識を常に持っています。

――通常の弁護士業務と人権活動の両立は難しいのではないですか。

橋本　弁護士としての活動はすべて人権活動だと思います。仕事とプライベートのバランスは必要でしょう。仕事の中でお金になるものとならないものがありますが、私の活動や知識で何か伝えることができて、それが自分のためになり社会のためにもなればハッピーですね。社会的に意義があることであれば、お金にはなっていなくても、それだけで飯を食おうと思ってないので特に構わない。何を得るかという観点でいうと、お金がないと生活できないけど、自分の次の活動や次の仕事に人権活動や市民活動で得たこと、思いついたことを生かせるんじゃないかと思っています。仮に無報酬やごくわずかな報酬しか得られなかったとしても、それは投資だと思っています。苦しかったら出来ないかもしれないですが、努めて楽天的に、努めて楽しく、という気持ちでやっています。他の人もそういう観点でやると、苦しいとかあまり思わないんじゃないかな。

――自己PRも弁護士にとって大事でしょうか。

橋本　あの弁護士面白いねと少し話題にしてもらえるようになれば、「相談してみたら」など話が広がることがあると思います。他の人と違うことをすれば、私のことを嫌いになる人もいるかもしれないですが、他方で好きとか面白いと思ってくれる人が広めてくれることがあるかもしれない。PRになっているかわからないですが、仕事で使う鞄は弁護士登録してからずっと赤色にしています。名刺も赤色のデザインにしていて、赤色はイメージカラーになっています。赤はカープの色で、広島県民としてはなじみがある。以前赤いものを持っていたら「女の子の色じゃないの」と言われましたが、そんなことないと思っているので、あえて赤とかピンクの物を持つようにしています。私のＨＰのイメージカラーもピンクにしているんですよ。

若い頃からＵＫロックとかビジュアル系バンドとかを見て、個性が大事だなと感じていました。プロレスも好きですが、太ったおじさんに格好いいリングネームを付けてキャラ付けをしています。弁護士も選ばれる職業なので、キャラ付けをして印象に残ることは大事だと思っています。

――一般の人に発信する上で気をつけていることやこだわりは。

橋本　分かりやすくするために敷居を低くしている反面、雑な印象を与えないよう敬語をちゃんと使ったり、言葉使いを社会一般に受けるものにしています。法律相談では小児科の先生や内科の先生みたいに、ソフトなイメージでお話しするようにしています。仕事をするときはちゃんとまじめにやって、ふざける時はめちゃくちゃふざけるのがいいのかな、と思っています。

――弁護士業務ではどんな事件を受けることが多いですか。

橋本　労働事件が多いですね。労働者側の事件、特に残業代請求や会社の中でのいじめとか。労災事件などもあります。一人の労働者の問題を解決したら、そこから波及してその会社の労働環境全体がよくなったりするのでとてもやりがいがあります。一件解決したら、その会社の人たちがわーっと依頼してくることもあります。割増賃金の請求だと時効もあるので、案件が一気に重なるととても忙しいですね。

――多忙なかたわら曲などを作っているのですか。

橋本　曲を作っているといっても替え歌ですが。音楽はもともと好きで、大学時代はコーラスサークルにいましたが、未だに音符もまともに読めないです。以前出張の時に飛行機内の音楽プログラムを聞いていたら、なんとなく聞いたことのある曲がかかっていて、歌詞がわからないけど断片的に聞こえる言葉をつないだら政権を風刺するように聞こえたんです。それで、替え歌にしたら面白そうだなと思いました。そしたら仲良くしている事務員さんがギター弾けたり、ＰＶ作ってＹｏｕＴｕｂｅに上げようとかアイデアが出たり、ＰＶ撮影をするとなったらいろんな人が出演協力してくれたりしました。それを選挙前などに見てもらえたら面白いかな、と思ってやっています。

――仕事は普段何時までやっていますか。

橋本　朝10時～23時ごろまで、土日もどっちかは出ています。私はイソ弁ではなくパートナーの立場で、いつ仕事をしてもいいし休んでもいいので自分でコントロールしています。うちの事務所は1年目からパートナーですが、1年目は最低補償額があったので困ることはなかったですね。北海道は物価も安いですし。

――仕事に限らず、時間ができたらやってみたいことは。

ライブイベントで替え歌を歌っている橋本弁護士（右）

橋本　法律事務所から出て、法律と関係のないことやってみたいですね。違う分野の勉強をもっとしてみたいなぁ、と。私ができる分野の講演会もありますが、それ以外でも社会で流行っていることや新しいことを知りたいです。新しい仕事に繋がるかもしれない、というのもありますが、純粋に今何が流行っているのかとか、世の中の人は何が好きなのかとか興味があります。私はおもしろくないことがわかったので一度断念しましたが、学生の頃からどこかのタイミングでお笑い芸人になれたらいいなとも思っています。人を笑わせるってすごく難しい。弁護士をやっていればいくらでも泣いている人、怒っている人が来ます。なんとか事件が終わって、泣いていた人や怒っていた人が笑って帰ると、やってよかったとほっとする。それを経験しているからか、あれだけたくさんの人を笑わせるお笑い芸人はすごいと思います。世の中から笑いが消えたとき戦争が起こると有名な漫才師が言っていましたが、同感です。世の中のお笑い芸人の方に風刺の利いた漫才などをやってほしいと思うし、私もそういう勉強をして風刺の利いたお笑い芸人になれたらいいなと思っています。地上波には出られないと思いますが。

被告人にあえて厳しい質問をぶつけ法廷を味方に

——裁判をする上で気をつけていることはありますか。

橋本　国相手の裁判では、法廷で過激に表現することもあります。意見陳述では言葉に抑揚を付けたりスピードを変えたり、メリハリをつけています。意識しているのは、オペラみたいなものかなぁ。穏やかに述べるときもあるし、激しく述べるときもある。一人の人間の中で色々な面、曲調を出していかなければいけないなと思います。私がやる時は印象に残る形でやりたいなと常々思っています。刑事事件のうち、被告人が公訴事実を認めている自白事件で、法廷で一番怒っているのが弁護人の私だったりするんです。普通怒っているのは検察官だと思いますが、検察官は被告人とは法廷でしか会っていません。でも私は公判の前に10回くらい会っていて、信頼関係もあるので、被告人に怒ってみせる。裁判官の理解を得るためにも、「あんたそれじゃ裁判官に分かってもらえないし、また同じことやっちゃうんじゃないの」くらいのことを言います。被告人に関わることはすべて刑事弁護の範囲だと思っているので、刑を軽くす

とある平日のスケジュール	(時)	とある休日のスケジュール
帰宅	0	リフレッシュタイム（お笑い番組、長風呂、筋トレ、読書）
リフレッシュタイム（お笑い番組、長風呂、筋トレ）	1	
	2	
睡眠	3	
	4	睡眠
	5	
	6	
	7	
	8	
起床・準備・出発（事務所へは徒歩５分）→事務所入り	9	
札幌地裁で労働事件の期日	10	起床・準備・出発
札幌地裁で奨学金裁判の期日。その後、弁護士会館に移動	11	ドライブ（見たことのない景色を見に行く）
札幌弁護士会修習費用問題対策本部の会議	12	
自動車で移動（雪が降っているのでノロノロ運転）	13	昼食（海鮮丼）
外部の相談会で法律相談を担当	14	ドライブ
→終了後は警察署へ自動車で移動	15	
警察署で、被疑者が通院している医療機関の関係者と打ち合せ。接見	16	
自動車で事務所に戻る（道路がスケートリンクみたいになるのでノロノロ運転）	17	
依頼者と打ち合せ（債務整理）	18	
依頼者と打ち合せ（離婚事件）	19	街中に戻って、ショッピング
この日初めての食事（最近お気に入りのスープカレー屋）	20	
事務所に戻って書面作成	21	夕食（昼が海鮮丼なので大概ジャンキーなもの）
	22	帰宅
	23	翌日の準備
	24	
札幌だと事務所や裁判所の近くに住むことができますが、交通網の関係で自分で車を運転して出かけることも多いです。事務所に戻って落ち着いて仕事をできるのは夜だけ、ということもあります。		完全オフの休日があれば、こんな感じです。仕事が立て込んでいて完全オフにならない休日は、午後から事務所に行って仕事をすることもあります。

ることも、二度と犯罪が起こらないようにすることも、刑事弁護です。淡々と喋る検察官の対比で自分が一番怒ってみせたり、一方で弁護するところでは「あんたいいところがあるんだから、ここを生かせば大丈夫だよ」という気持ちで喋っています。劇場型を意識していますね。

被告人質問で私が厳しく質問し過ぎて、被告人が私に激高したこともあるんです。本来検察官がしなければいけない質問を私が先取りして、しかも矛盾をついて質問したので、被告人が「なんでそんなこと言われなきゃいけないんだ！」と。すると裁判官が「いや弁護人が言っているのはこういう趣旨じゃないですか」と助け船を出し、答えるように促しました。私は被告人が反省してくれればいいなと思ってした質問で、それが裁判官にも伝わり、親身になってくれた。裁判官が同じ目線になってくれて、質問もしてくれたのがよかったです。珍しいことですが、裁判官が退廷する時に「弁護人お疲れ様」と言ってくれたのが印象深いですね。

音楽にもピアニッシモがあってフォルテッシモがある。裁判を淡々と一本調子でやるのもいいのですが、私はそうじゃないと思っています。この裁判で、ここは強調したいですとか、こういう気持ちで言ってるんですというのが伝わればよいかなと。伝えたいことがある時は表現を工夫しないといけないんだろうなぁと思います。

――フットワークが軽いとの評判ですが。

橋本　弁護士の敷居の話とも関わりますが、弁護士って、クーラーや暖房の効いた部屋でクールにかちゃかちゃパソコンを打っているだけのイメージがあるかもしれませんが、そんなイメージを持たれたくないので、なるべくフットワークを軽くしようと思っています。普通の弁護士は行かないようなところに行くし、そういうのが大事なのかなと。

　ある工場で働いている労働者が製品を作る過程で大やけどをした労災事件で、労働者は、頭が朦朧とするくらい工場自体が暑かったと言っていました。けれども、被告の会社側は「そんなことはない、窓を開けて換気している」と主張していた。私としては本当なのか疑問に思ったので、札幌からは離れていましたが、ある日工場を見に行ったら全く窓は開いていなかった。それを全部写真に撮って提出したので裁判の潮目が変わったことがありました。全ての案件で私が見に行くのは難しいですが、動くことは大事なんだろうなと思っています。頭だけでなく、身体も動かしていきたいですね（頭動かしてないだろとか言わないでね）。

橋本弁護士の10問10答

1	好きな音楽は？	ここ数年ははあいみょんやSHE'Sを聴いています。天才だと思います。
2	好きな映画は？	「オースティン・パワーズ」シリーズ。死ぬほどくだらないのがたまらない。
3	弁護士にならなかったら何になっていた？	ブルボンの従業員。単にシルベーヌが好きだから。
4	好きな動物は？	ヒト
5	好きな四字熟語は？	軽妙洒脱
6	座右の銘は？	人事を尽くして天命を待つ
7	好きな食べ物は？	餅とか団子。米より好き。
8	自分の前世はなんだと思う？	ネコ。次世があるなら、またネコに戻りたい。
9	好きな本は？	『絶望の裁判所』（瀬木比呂志）
10	好きな歴史上の人物は？	ジョン・レノン

弁護士を目指すあなたへ

義と情

正義感・信念、やさしさ・情熱をもって
人権擁護・世界平和のために活躍する
弁護士になってくれることを期待しています。
橋本祐樹

ふかい・つよし
深井剛志
1983年7月23日生まれ、千葉県出身
一橋大学法学部卒業
早稲田大学大学院法務研究科修了
弁護士登録2011年（司法修習期64期）
旬報法律事務所

日の丸・君が代問題で担任の先生の姿が胸に刺さった

――弁護士を志したきっかけは何ですか。

深井　漠然と中学、高校からやってみたいなと思っていました。ロースクールに行って明確に「なるぞ」と決めたのは大学3年生くらい。それまで法学部にはいましたが法律をやりたいなと思うくらいで、弁護士になるために法学部にいたわけではありませんでした。決定的なきっかけもないですが、高校2年生の時、2000年だと思いますが、国旗国歌法が出来、その時の校内での議論が自分に影響を与えたかもしれないですね。うちの高校はもともと国旗を掲げ国歌を歌うというのは歴代ずっとやっていなかったし、法律にも反対のはずだった。しかし国旗国歌法が出来てから校長が突然やると言い出し、生徒会側は拒否。激しい議論になりました。もともとうちの学校は行事をやるかやらないかを全て生徒が決めていて、たとえば生徒総会の決議で文化祭をやらないと決めたらやらない。だけど生徒会が国旗掲揚・国歌斉唱をやらないと決めたのに校長が待ったをかけた。やるべきだという「保守的」な先生が何人かいましたが、うちの担任や人気のあった国語の先生は校長側とたたかってくれていました。そうした板挟みになっている教師の方などの姿を見る中で、社会問題になっていたこともあって、思想信条の自由みたいなものに興味を持ったんです。そのあと岩波新書で『日の丸・君が代の戦後史』(田中伸尚)を読んで、過去にもいろいろと裁判になっていることを知りました。それでこういう問題をやろうかなと思ったのです。

法学部では憲法のゼミにいました。判例を勉強していく上で、基本的人権を軽視した判決や政治的な判決だと思うものも多かった。それで基本的人権を守ることをしたいという思いが強まり、弁護士として裁判を通じて人権活動をやりたいなと思ったのが大学3年生の時です。

2019年、新天皇の即位がありました。1988年には自衛官の護国神社への合祀を遺族が取り消しを求めた事件の最高裁判決がありましたが、地裁高裁で勝っていたのに最高裁でひっくり返された、悪名高い判決です。当時、天皇の代替わりが控えており、即位の儀式を行うことが予定されていました。本来、日本国憲法では政教分離原則がとられているのに、その時期に非常に宗教色の強い代替わりの儀式が行われることになった。それらの儀式に政教分離違反だという判断を出さないように、自衛官合祀の事件の判決にも政治的判断が働いたのではないか、とよく言われています。そういうものについておかしいと感じたんです。ゼミの先生からは研究者に向いているんじゃないかと言われました。弁護士を選ぶトリガーが明確にあったかどうかというと記憶にないですね。研究者も魅力的だなと思いましたが、自分は現場で憲法や基本的人権を守りたいと思いました。

――弁護士になってみていかがですか。

深井　やりたい人権事件全部は出来ないし、取りかかろうとしても、本当に全力をかけられているのかなと少し思うようになっているのは残念です。憲法裁判もやってはいますが、それにすべてをかけられるかというとそういうわけにもいかない。生活もあるので、お金を稼ぐための事件もやらなくてはならない。弁護士になる前に「仕事としての弁護士」が分かっていなかったかもしれません。漠然と、裁判でこういう主張する人たちなんだなぁとしか捉えていなかったので、実際に携わるようになってギャップがありましたね。サービス業なので顧客の依頼に応えないといけないと思うのですが、色々な要望が来るので、それに応えていると非常に時間を取られてしまう。やりたい活動を全力で出来ているか、自戒も込めて考えています。

――仕事は基本的に何時から何時まで？

深井　勤務開始は10時にしていることが多いです。何時までかはその日によりますね。その日中にやらないといけないような業務をやっていると午後11時になることが多いですが、大体午後9～10時くらいまで仕事しています。3年目くらいまでは日付が変わるくらいの時間に帰っていました。経験を積んだというのが一番大きいですが、業務のスピードが上がったのもあると思うし、後輩と一緒にやっている事件が増えると後輩に回せるようになったりします。二人一組でやると期が下の弁護士の方が書面を作ったりすることが多いので。勤務時間でいうと忙しさのピークは2、3年目です。今持っている件数はその頃より多いですが、処理能力の違いで今の方が仕事が早く終わります。ただ、今も昔も土日を使うことは多くて、土日をきちっと休めるようにはなっていないですね。両方出ないといけないことも多いです。平日は仕事の依頼者の相談もあり、裁判所に提出する書面を集中して書こうと思うと土日、誰もいない時に出てきてやっています。

正直、弁護士はもう少し時間に余裕があるかなと思っていました。忙しいというイメージは確かにあって、そういう意味では忙しさは想像通りかもしれないですが、もう少し何とかなると思っていました。先輩弁護士も土日来て仕事をしています。さすがに期が上の先生は昔ほど多くの事件をやることはないですが。やはり若手の方が忙しいですね。

――企業弁護士を選択肢として考えはしなかったですか。

深井　ロースクールでビジネスロイヤーの講師にも触れ、やっていることは立派だと思いますが、そういう方は全然裁判をやっていないと聞きます。自分はやはり裁判をやりたくて弁護士になった人間なので、企業法務系で契約や企業買収などばかりやることに興味がなかったですね。一応事務所説明会には行きましたが、やはり自分には合わないと思いました。それに企業弁護士はとても忙しいと聞いています。クライアント次第ですぐやれと言われ徹夜当たり前だとか、弁護士も人なのでそれはどうなんだろう、と思いました。

――自分の中で仕事の原動力になっているのは。

深井　原発訴訟や憲法裁判には、やはり許せないという感情があります。原発訴訟はとても大変ですが、これは放っておいたらいけないなと思います。実際に被害者の話を聞くと、毎回、これをそのまま許しておいてはいけないという気持ちになります。当事者と話すととてもやる気がわいてくるので、それが原動力だと思いますね。自分がやらなきゃ誰がやるんだ、この人を自分が救わないといったい誰が救うのだろう、という感情を原動力にしています。

息抜きは運動が好きなのでジムに行って泳いでストレス解消したり、飲みに行ったり。昔はサイクリングに行っていました。最近は少し時間ができてきたので、野球観戦に行く時間が増えました。東京ドームが近いので、仕事を早めに終わらせて行ったりするようにしています。

とある平日のスケジュール	(時)	とある休日のスケジュール
風呂・食事など	0	風呂・食事など
│	1	│
就寝	2	就寝
│	3	│
│	4	│
│	5	│
│	6	│
│	7	│
起床・朝の準備	8	│
電車で通勤	9	起床
裁判所で離婚事件の高裁の期日・和解協議	10	溜まっていた家事などをする
│	11	│
昼食	12	昼食
東京地裁で労働事件の期日	13	事務所に行き、起案を行う
事務所で遺産分割事件の打ち合わせ	14	│
事務所で労働事件の打ち合わせ	15	│
│	16	│
労働事件の弁護団会議	17	│
│	18	東京ドームへ野球の試合を観にいく
書面作成・雑務処理	19	│
│	20	│
│	21	│
退所	22	帰路へ
帰宅	23	帰宅
│	24	│
この日は打ち合わせが多く、あわただしい日でした。労働事件の弁護団会議は、非常に難しい論点を協議し、時間がかかってしまいました。		この日は、楽しみにしていた野球の試合があったので、早目に起案を終わらせて退所しました。忙しい時期は、休日を潰して起案をするときもあります。

● アリさんマークの引越社事件でブラック企業問題の根深さを実感

――思い出深い労働事件はどんなものですか。

深井　一番長く大きかった事件としては、アリさんマークの引越社事件です。会社が非常にブラックな対応をしていて、自社にも弁護士がついて法的紛争になっているのにさらに違法行為をどんどんやってくる。弁護士のアドバイスを聞いていなかったのでしょうが、次から次に問題を起こしてくるので対応に追われました。原告は従業員や元従業員合わせて30人規模の訴訟になり、その書面を作るのが大変でした。ちょうど「ブラック企業」という言葉が流行っていた時期だったので、かなり大きな闘いになりました。

労働組合に加入した人が加入を理由に配置転換を受け、花形部署以外に飛ばされ、そのあとはシュレッダー係にさせられた。そんな役職はもともとなかったのにわざわざ作ってやらせたのです。おかしいんじゃないかということで弁護士が入って、その原告が配置転換の無効を求める裁判を起こしたら懲戒解雇になった。解雇通知書にはその人の顔写真入りで「罪状」と題打って、彼が裁判を起こしたことについて「権利ばかり主張している」などと書いてある。さらにその紙をすべての支店に張り、社内報にしてすべての家庭に配るということをやっていたのです。圧倒的な名誉毀損。原告としてはその方が唯一在職者でした。

まずは配置転換の違法を訴える裁判をやり、その裁判中に懲戒解雇をされたので、懲戒解雇無効の仮処分を起こしました。会社は解雇を撤回しましたが、シュレッダー係は変わらなかったので彼を営業に戻せと求め続けました。それと、その方以外の辞めた元従業員約30人の未払い残業代の請求もしました。同社では引っ越し作業時に事故を起こしたり、お客さんの家具を壊した時は、そのミスをした社員の給与から弁償金を天引きすることもしていました。弁償金、残業代の回収のため約30人の集団訴訟をして、最終的に和解を得るまでに3年かかりましたが、相応の額を勝ち取ることができました。

――事件を終えてみて思ったことは。

深井　以前は残業代未払いや不当解雇について、企業側が労働法を知らないで違法な行為をしているのかと思っているときもありました。しかしこういう明らかに悪いことをやっている企業は、労働者が怖がって何も声を上げられないだろう、ということを分かった上でやっていると気付きました。その後もブラック企業の裁判を扱っており、今もひどいパワハラの事件をやっていますが、知っていて法律を守る意識がない企業が増えています。「これをやったらまずいだろ」と思っていてもやってしまう会社が、非常に増えているように思えます。

――安倍政権の進める「働き方改革」についてはどう受け止めていますか。

深井　自由で縛られない働き方をやろうとしていますが、監視・規制が及ばない働き方が増えることになり、働かせ放題になってしまう。高度プロフェッショナル制度は、「自由な働き方」

や「時間ではなく成果に応じた賃金を」などという文句で成立したものの、実際は労働者に裁量はなく、単に休憩や休日、残業代などの規定が及ばなくなってしまうという、非常に危険な制度です。労働債権の時効については、民法では時効は一律5年なのに、賃金についてはそれを3年にする、とされています。労基法で本来5年のものを3年にするのは、労働者保護という理念から明らかに矛盾している。経営者側の意見を汲む政権だなと思います。

政府が進めようとしている「自由な働き方」を、労働者ではないとしてしまうと、労働組合を作れなくなってしまう。ウーバーイーツも労働組合を作りましたが、会社側から「労働者ではないから応じない」と回答が来たとのことです。政府の推進する「自由な働き方」には、そういった側面があります。

――労働事件、ブラック企業を相手にしていて大変なことは。

深井　労働者側の士気を維持するのが難しいですね。企業側はお金があるし、長期の裁判になっても向こうはそれが仕事なのでやれますが、労働者は仲間が少ないし時間を取られてしまうしお金がない。裁判が2年、3年と続くと厳しいので、もう原告をやめたいという人がぽつぽつ出てきてもおかしくないんです。アリさんの例でも何人か抜けた原告の方はいます。彼らのやる気を維持していくには仲間を作ることが大事です。組合などで共同で原告になり、人と連帯することは強みになると思います。

ただ、裁判をだらだらと引き延ばす作戦をとる企業はよくあります。裁判期日に求められたものを何も出さないのはさすがに裁判官が怒るのでそれは少ないですが、「準備が終わらなかったので今回はここまででお願いします。あとは次回」という感じで、主張をわざと小出しにしてだらだらと長引かせてくる。原告の消耗を狙ってくるのです。

とはいえ、労働事件であれば依頼者も働いているので着手金を払えるし、裁判に勝てれば企業側からお金を取れます。ですが、それ以外の人権裁判、基本的人権に関わるものは、勝ってもお金を取れない場合や、依頼者も経済的に厳しいので弁護士の方も厳しくなることが多いです。そういうとき、経済的な部分も支援しながらどうやっていくのかは課題ですね。

▶▶▶ 深井弁護士ってこんな人

深井剛志君、私の同期の弁護士です。深井君と出会ったのは司法試験に合格した後、青年法律家協会の説明会だったと記憶しています。浅黒く日焼けした肌、無駄に鍛えた体格、鋭い目、寡黙な態度、同じ体育会系の気配を感じ取りました。

しかしながら、特段深い交流もないまま修習生が毎年行う研究討論集会で、分科会で一緒の担当になり、スカイプで打ち合わせをしたり、今のオンライン飲み会を先駆けするスカイプ飲み会などをして意味もなく酔っぱらったりしていました。弁護士になった後は、原発弁護団などで一緒に取り組みました。

深井君は、大きな声で叫んだり、怒りをあらわにすることはありませんが、世の不条理に黙っていられない熱い男です。自由法曹団本部では次長を務めあげ、労働分野でも大活躍。同期の山添拓君が国会議員になって弁護団を去った後は、原発の浜通り弁護団でも必死にその弁護団活動を支えるいい男です。いつまでも同期とつながっているのは青法協ならではではないでしょうか。

また今度飲みに行こう！

（舩尾遼）

発言権の弱いアイドルの権利保護も課題

――いわゆる「地下アイドル」の権利保護についてもお聞きしたいです。

深井　今まで私が取り扱った案件は訴訟までいかず、全部交渉で終わっています。合計して10件くらいでしょうか。一番最初の案件は、賃金が支払われていないので会社側に払わせました。他の案件は、辞めたいけど事務所が辞めさせてくれないとか、契約途中で辞めると言ったら200万円払えと言われたとか。後者の案件では、確かに契約書に契約の途中解除は200万円を支払えと不当なことが書いてありました。それと恋愛禁止についても破った場合は罰金100万円と書いてある案件もあり、そのケースではマネージャーと交際したアイドルが事務所から請求を受けました。他にも不当な疑いをかけられてクビになったり、事務所を辞めた後に前の事務所から圧力かけられたりと多種多様です。前事務所からの圧力というのは、他の事務所に移籍したアイドルが自分の事務所のグループと共演するのをNGにしたケース。これにより移籍したアイドルのイベント活動の幅が狭まるので、営業妨害に当たります。そもそも辞めたあと他の事務所には2年間移籍禁止と制限をかけている事務所も多いですね。この手の問題は枚挙にいとまがなく、私よりも多く案件を扱っている弁護士もいると聞きます。

――芸能関係は不透明な労働契約やブラックな働かせ方が多そうです。

深井　まず契約書が「労働契約書」になっていません。業務委託契約なのですが、雇用によらない働き方の例で、労働基準法の適用がなくなります。最低賃金の適用などもなくなります。労働基準法の保護を受けることができないから、事務所の方がブラックになりやすいのはその通りで、そこを利用して事務所側がひどいことをしているのは何件も見てきました。

しかし裁判では、契約書が「業務委託契約」になっていても、実質的には労働契約に当たるとして、労働基準法の保護を受けることができるとした判決もあります。そのような前例があること、そのような主張ができることをしっかり伝えていかなければならないと考えています。

――マネージャーと恋愛した子の罰金100万円請求はどう解決したのですか。

深井　恋愛をするのは個人の権利で基本的人権になるわけだから、それをもって損害賠償を請求するのは許さない、という裁判例が過去にありました。2、3年前に出た判決ですが、その理屈を使って反論しました。するとそれきり会社側は応答がなくなりました。恐らく、アイドル本人だったら脅せば簡単に払うんじゃないかと軽く請求したものの、弁護士が出てきて法的にやられたので黙ってしまったのでしょう。アイドルは基本的に夢を叶えたいという子が多いから、事務所に嫌われると「契約継続してくれないんじゃないか」とか「干されるんじゃないか」と思ってる子がたくさんいて、力関係にとても差があります。事務所側は、そのような力関係の差や知識量の差を背景に請求を行なってきたのだと思いますが、きちんと法律と裁判例にしたがって対応すれば、そのような無茶な請求には応じなくても良いのです。そのため、そういうアイドルの子たちに法律を教えるのは非常に大事ですね。

――彼女たちも弁護士に相談するという選択肢が思い浮かびづらい環境にあるのでは。

深井　よく自分のところまで辿り着いたと思います。私が扱った案件は氷山の一角で、もっと困っている子はたくさんいるんじゃないでしょうか。アイドル自殺事件の裁判が去年（2018年）10月に提訴されましたが、そこからアイドルの労働に関する問題が盛り上がってきて、アイドル評論家の人にアイドルから相談が多数来るようになりました。その人と一緒に仕事したことがあるので、その方を経由して相談を受けています。しかし、その方に辿り着くこともできなかったアイドルもたくさんいると思うので、どうやって法律家まで来てもらえるようにするのか、非常に重要です。この分野は、今ある法律だけでは守り切れない部分があるので、行政なり立法なりが関わらないと救いきれないいんじゃないかと思います。

青法協というと人権系や公害系など硬い案件をやっているのかなと思われますが、私のように地下アイドルや芸能系の案件もできたり、幅は広いことを学生の方に知ってほしいですね。

原発訴訟の揺り戻しの動きに懸念

――原発訴訟について教えてください。

深井　修習生の時に東日本大震災が起こりました。7月集会で同期と共に「これは取り組まな

原発訴訟後に判決結果を掲げる深井弁護士（左）

原発被害判決報告集会の様子

いといけない課題だ」と話し合い、弁護士になった後、一緒に原発訴訟を扱う弁護団に入りました。憲法裁判や労働事件もやっていますが、労働事件は一般事件という位置付けなので、活動的な訴訟でいうと、自分が関わる中ではこの原発訴訟が一番比重が大きいですね。

弁護団の中で、私は幹事を務めています。また地域ごとに訴訟のチームがあって南相馬の原告団があるのですが、そこの事務局長をやっています。

――訴訟の現状をどう捉えていますか。

深井　いくつか判決は出ていますが、避難者、被害者が受けた損害をどう評価するかという点で、認容額がまだまだ我々の求めている水準に達していません。裁判官が被害の実情と被災者が被った精神的苦痛をどれだけ理解しているのかと思います。今のままだとうちの原告団は全然納得していないですね。

――政治的判断を感じますか。

深井　国が作った賠償基準である中間指針がありますが、東京電力はその指針に従って賠償しています。裁判所は、中間指針は十分ではないと言いながらそこから大きく逸脱した判決は出していないので、国の作った基準に引きずられているなと思っています。

責任論でいうと国の責任を認めなかった判決は3つあります（注：このインタビューを受けた時点。2020年3月現在は4つ）。責任論はずっと国の責任を認める判決が多かったので認められるのは既定路線なのかと思っていましたが、今は責任を認めない判決が増えてきてしまっていて国への忖度を多少感じます。あと僕は担当していませんが、刑事事件の裁判には問題があります。元役員の刑事責任を問うたものは完全に忖度裁判です。原発が重要なインフラであり、稼働させないという選択肢をとることは困難であった、という前提で判決が書かれています。結果として、基本的には原発政策は再稼働ありきの政策になっており、原発を動かすことは不可欠という判決になっています。政府の原発推進政策に追従したものです。

――刑事の判決は民事の判決にも影響するでしょうか。

深井　国が作った「長期評価」がありますが、民事裁判で、われわれはそれに信用性があると主張してきました。それに基づいて対策をしなかった東電に過失があるだろうという主張です。しかし、あの刑事裁判は「長期評価」の信用性を否定したので、民事事件にも影響しかねないと危惧しています。もっとも、「長期評価」を作ったのは国自身ですし、当時の科学的な知見と照らし合わせても、「長期評価」の信用性は揺るがないと考えています。

――福島原発事故直後から揺り戻しの動きを感じる?

深井　原発事故直後はすべての原発が停まっていました。政府がそう指示していたのです。だんだん再稼働の方向になってきて、何基かの原発が動き始めました。原発事故直後は再稼働を認めない判決が出ていて、大飯原発は司法の力で止めていた。事故後は原発政策を見直すべきだ、という動きが司法にあり、勇気ある裁判官がいましたが、すべてひっくり返されてしまいました（注：現在は伊方3号機が仮処分で止まっている）。政府が再稼働政策を進めていることへの忖度、追従になっているのが非常に問題かなと思います。

人権活動でついた力は通常業務に生きる

――弁護団活動でやりがいを感じるところと大変だなと思うところは。

深井　やりがいは、普通の事件をやっていると味わえないような水準の高い議論に参加できる点です。どのように裁判官を説得するかと考えたり、大ベテランの議論を聞いたりするのがすごく勉強になります。弁護団には伝説級の経歴を持った弁護士がいたりするのですが、その人の闘い方、こういう風に勝ってきたんだなというのが間近で見れる、知れるのはとても勉強になります。また、単純に、大きな法廷で自分で弁論することは普段出来ません。高等裁判所の一番大きい法廷で弁論することは、緊張感のある貴重な経験になります。特にベテランの先生は法廷での立ち居振る舞いがすごいです。たとえば、こういう証人を採用すべきだとか、こういう証明をすべきだとか、裁判官を説得するための弁論が、説得力があり堂々としていて、これは経験がなせる技だなと思います。被告が変な質問や発言をしたときに啖呵を切れるところも、即座に切り返せるところもすごいです。それを生で見られるのは貴重な経験だと思います。

大変だなと思うことは、地方に行かないといけないので時間がどうしてもとられてしまうことです。一回の裁判期日に行くのにも泊まりになるし、依頼者とも往復何時間もかけて打ち合わせすることがあるので、移動はとても大変です。移動時間をうまく使えるかどうかで普段の一般事件の処理スピードが変わるのかなと思います。

――人権活動と生活の両立は険しき道でしょうか。

深井　たとえば労働事件でいうと、労働者側しかやらないという弁護士が多いと思います。一見すると儲からなそうと思われるかもしれないですが、勝てば使用者側から支払いが得られて、そこから報酬が得られるので、お金になる場合もあります。離婚事件だと、夫側についた時に妻にお金がないとなると勝っても払ってもらえないということがありますが、企業は大体お金があるので、支払いがないということはほとんどありません。きちんと報酬が取れる、支払いが取れるということでいえば、労働事件はほかの事件ほど報酬が取れないということはないです。そこは現実とイメージのギャップですね。

　ですが、労働事件以外の人権保護活動、原発、公害、薬害などをやっていると、とても力が足りません。証拠が相手側に偏在していますし、情報収集能力も相手の方が圧倒的に上です。現実に、行政事件は原告側の請求が棄却される場合が圧倒的に多いです。相手からすると「勝ち筋」なので、のらりくらりやっていれば勝てるとも考えて、相手が油断することもあります。僕がやっている憲法訴訟では、被告側と国側はほとんど主張をしない、ぺらぺらの書面しか出してきません。こちらは分厚い書面を作って色々準備しても勝てるか勝てないかですが、そういうときにどっちに力つくかというと、こちらです。勝ちにくい裁判にどう勝つか、という力がつくのです。その経験で一般事件の処理もしやすくなる。勝率、処理の精度も上がってきます。弁護士としての力がつくので結果に表れてくるんじゃないかと思います。

刑事事件を無罪にするのはとても難しいですが、刑事事件専門にやっている人は綿密に書面を読んだり尋問を繰り返しているので、実力がついてくる。どう食べていくのか、具体的にこうすべきと言いにくいところがあるのですが、人権活動をしていると食べられないというイメージは、全く間違っているわけじゃないけど誤解の部分もあって、一般事件を処理する能力がついてくる、弁護士の実力が上がってくるので依頼も来るんじゃないかと思っています。

――どのように仕事を取ってきていますか。

深井　事務所によって受任ルートは違います。うちは労働事件中心の事務所なので、いかに組合の方に信用されるかということが大きいですね。裁判しなきゃという段階でうちを選んでもらう、そのためには普段の信頼、実力が重要になります。さきほど話したことに繋がりますね。

組合の方との交流では、彼らの大会やビアパーティーに行くようにしています。他の弁護士はそういう場に来ることは少なくなったようです。それよりも最近は他業種との交流会に行く方が多いかもしれないですね。自分としては依頼ルートとしては組合からというのが一番多いので、大事にしています。

深井弁護士の10問10答

1	好きな音楽は？	FFなどの好きなゲームのBGMをかけながら仕事をしています。
2	好きな映画は？	「フォレスト・ガンプ　一期一会」
3	弁護士にならなかったら何になっていた？	料理人
4	好きな動物は？	犬
5	好きな四字熟語は？	初志貫徹
6	座右の銘は？	可もなく不可もなく
7	好きな食べ物は？	明太子
8	自分の前世はなんだと思う？	ハシビロコウ
9	好きな本は？	司馬遼太郎『燃えよ剣』
10	好きな歴史上の人物は？	豊臣秀吉

弁護士を目指すあなたへ

「困っている人を助けたいので、弁護士になりたい」ということは、弁護士を目指している方々から、よく聞きます。私自身も、そのような理由がなかったわけではありません。

しかし、困っている人を助けたい、というのであれば、警察官や消防士、医師や看護師など、いろいろな職業がある中で、なぜ、弁護士を選んだのでしょうか。弁護士という職業がもつ、特別な意味とは、何なのでしょうか。

それは、私の解釈では、弁護士とは、ある人の考えや行動が、他者に共感されなかったとしても尊重されるべき最後の権利すなわち、〝人権〟を守ることのできる職業だからです。弁護士は、基本的人権の擁護をその使命としており、依頼者の人権を守るための活動を行うものとされています。

ですので、私は、弁護士の「困っている人を助けたい」は、「人権を守りたい」という意味であるべきと思っています。

弁護士を志した以上、依頼者の人権擁護のためにたたかう面白さ、やりがいをぜひ味わってほしいと思います。

深井剛志

コラム②

司法試験とは

「いよいよ明日が司法試験本番ね」

杏花は万年筆を置くと、大きく伸びをした。彼女の目の前のテーブルの上のルーズリーフには、細かい文字がびっしりと詰まっている。

星空の下で、弁護士になるというお互いの夢を語った2人は、その後、幼馴染でもなければ恋人同士でもないのに、同じ大学の法学部に通い、同じ法科大学院を卒業した。そして、幼馴染でも恋人同士でもないのに、2人きりの自主ゼミを組み、毎日同じ喫茶店に通い詰めて司法試験に向けた勉強をしていた。

「蒼太、明日の試験に向けて何かやり残したことはない?」

「……杏花、基本的なこと聞いていい?」

「いいわよ。司法試験は基本的な知識が大事だからね。なんでも聞いて」

「司法試験って何?」

「ズコーッ」

昭和漫画的な効果音を口で言い、杏花が椅子から落ちた。

「そんなオーバーリアクションとらないでよ」

「決してオーバーじゃないと思うよ？　だって、蒼太、明日自分自身が受ける試験がそもそも何か分かってないなんて超深刻よ？　むしろ今まで何を勉強してたの？？」

「分からない。勉強し過ぎて記憶が飛んだのかも」

「一時的な記憶障害よね。きっとそうよね。そうであることを願うわ。まあ、念のために説明すると、司法試験は、短答式試験と論述式試験の2つに分かれるの。短答式試験は憲法・民法・刑法の3科目でマークシート方式。論述式試験は憲法・行政法・民法・民事訴訟法・商法（会社法）・刑法・刑事訴訟法の必修7科目＋選択科目1科目（労働法・倒産法・経済法・環境法・国際私法から1科目を選択）の計8科目で字数制限なしの論述方式よ」

「……けんぽうって何？」

「ズコーッ。ごめんね。記憶喪失のあなたに一つひとつの科目について説明してるほど紙幅の余裕がないの。あと、憲法については、『明日の自由を守る若手弁護士の会』が色々と勉強になる書籍を出してるわ。参考にして」

「うーん、なんかよく分からないけど、そんなたくさんの科目を1日でやるのは大変そうだね。休憩なしで24時間ぶっ続けでやるの？」

「そこまでハードじゃないから安心して。試験は4日間に分けて行われるわ。しかも、中1日のお休みがあるの。月曜日に論述試験1日目、火曜日に論述試験2日目、水曜日にお休み、木曜日に論述試験3日目、金曜日に短答試験、という感じね」

「1日お休みがあるんだね！　その1日は自由に使ってもいいのかい？　たとえば海外旅行とか」

「日帰りで帰ってこれるならね。普通の人はそんな疲れることはしないけど」

「じゃあ、近所の水族館に行って、イルカショーのイルカにご褒美として与えられる小魚を見て、『仮に司法試験に落ちてもこの小魚よりも深刻な事態にはならないから平気だ。あんまりナーバスになるなよ』って自分を励ますことにするね」

「暗っ……。まあ、リラックスする方法は人それぞれよ。ちなみに司法試験には、短答試験と論述試験の総合評価で合否が決まるけど、短答試験も論述試験も『足切り』があるから気をつけてね。短答試験で一定の点数に達していないとそもそも論述試験を採点してくれないし、論述試験も各科目ごとに最低ラインが設定されていて、1科目でもそのラインを下回ると不合格になるの」

「足切りか……。じゃあ、葛飾北斎の絵で描かれている女の人たちもみんな短答の点数が足りなかったり、論述の最低ラインを下回ったりしたんだね」

「蒼太、それは幽霊画よ」

早田由布子《はやた・ゆふこ》

1983年1月29日生まれ、京都府出身
同志社大学文学部英文学科卒業
早稲田大学大学院法務研究科修了
弁護士登録2010年（司法修習期63期）
旬報法律事務所

●安倍政権発足の危機感から「あすわか」を立ち上げ

――事務局長を務めていらっしゃる「明日の自由を守る若手弁護士の会」について設立経緯を教えてください。

早田　2013年1月に立ち上げました。前年4月に自民党改憲草案が発表されましたが、危険な内容でした。その危険な改憲草案を発表している自民党が、12月の衆院選で勝ち、第二次安倍政権ができました。再び与党になった自民党が改憲に熱意を燃やしており、安倍さんが首相になる。この危険性をもっと一般の人に知ってもらった方がいい、というのがそもそものスタートです。もともと「イケてる九条の会を作りたい」という話がありました。当時私は弁護士2年目でしたが、既存の九条の会は高齢の方ばかりだったし、若い人は憲法と聞いただけで少し引いてしまう。若い人にも「これイケてるじゃないか」と思ってもらえて参加してもらえる会を作りたかった。そんな気持ちで立ち上げました。

「あすわか」自体は改憲派でも護憲派でもなく、まず憲法を知ってもらう、それで自分で考えて欲しいという情報発信の会。そのために一般の方向けに憲法カフェをやっています。また、講師派遣もしており、市民の方から依頼を受けて若手弁護士を派遣することが多いですね。派遣先は大学のサークルや学園祭、地元民の集い、保育園の保護者向け、医療機関の方、患者さん向けなど多種多様です。設立当時は東日本大震災の直後だったので「食べ物の安全性はどうなの?」「国から情報隠されてないの?」ということを起点に関心を持つ人たちが多かったですね。そこから憲法に関心を持つ人が増えました。

——「あすわか」立ち上げから7年。感触はいかがですか。

早田　最初の2、3年くらいは、そもそも憲法が何か知らない人たちからの講師依頼が多かったです。カフェではまず、憲法を守らなければいけないのは誰かという話から始めますが、大体の人は国民が守らなければいけないと思っている。そうでなく権力者側が憲法を守らないといけないんですよ、それによって国民の自由が守られているんですよ、というのは、とても新鮮に受け止められていました。

はじめは憲法によって権力が縛られているというのを、紙芝居を作ってビジュアル化して、そのイメージをつけてもらっていました。王様がお母さんと子どもに向かって刃を振り下ろしているが、王様の腕を縛る憲法の鎖がそれを止めている、というイラストです。それを理解してもらうと、安保法ができたときに立憲主義からみて安保法がどれくらい問題なのか、解き明かしやすくなる。安保法成立によって自衛隊を海外に派遣し戦闘行為できるようになる、これが王様のもっている刃物の部分です。王様の手を縛る鎖が憲法9条。2014年7月1日、憲法9条のもとでも集団的自衛権を使ってもいいという閣議決定がなされましたが、これは固い鎖をゴムに変えてしまうような閣議決定で、これでは王様の腕を縛っているゴムがビヨーンと伸びて王様が剣を振り下ろせるようになってしまう。こうしたこともビジュアルから話すと分かりやすくなります。

会として今600人以上会員がいるので、全国どこから講師依頼が来てもだいたい講師を派遣できる体制になっています。会員の年齢層は特に集計していませんが、30代が多いかもしれない。改憲派の人も歓迎しているので青法協よりも会員層は広いですね。唯一の条件が自民党改憲草案に反対することで、ハードルはあえて低くしています。だから憲法改正反対活動みたいなことはできないのですが。

憲法の説明で使用している「縛られている王様」のイメージイラスト

自民党の改憲草案がやばい、自民党政治がやばいと思っている人たちと幅広く繋がれるのが、「あすわか」のいいところです。色々なベースがある人が集まっている。たとえば憲法と税金という話ができる弁護士がいたり、色々な角度から憲法を語ることができる。従来、憲法運動イコール平和運動と見られてきましたが、国家と国民の関係を規律することだと広い視野で考えると、ありとあらゆる生活のことに憲法は関わっている。色々なところから語られる余地がまだまだある。それが「あすわか」の強みです。そういう人たちも憲法運動に関われるようになったのは、変わったことなのかなと思います。

——事務局長としてどんなお仕事をしているのですか。

早田　ありとあらゆる事務作業をやっています。そのほかは最近で言うと憲法ボードゲームを開発しました。制作資金をクラウドファンディングで集めて、ボードゲームの開発者の方と「あすわか」で共同開発したのですが、その事務折衝を行いました。ボードゲームはすごろくみたいなもので、人生ゲームの発展版のような形式です。ゲームを遊んでいく中で憲法の色々な条文の意味を知ってもらう内容で、今のところ通信販売をしています。この企画には会員、特に弁護士1年目、2年目の若い人に関わって欲しいと思い、体験会に来てもらったり、記者会見のセッティングやプレスリリース作りに携わってもらいました。

――なぜ憲法9条を守る活動に関心を持ったのですか。

早田　はっきり言ってしまえばタイミングです。弁護士になったばかりのタイミングで安倍政権ができ、今これやらなきゃいけないだろうと思った。やらないとまずいと感じました。

学生時代はまったくが興味がなかったですね。出身学部は文学部英文学科で、憲法には興味を持ったことがなく、事務所に入って憲法の運動をやっているんだよと聞いて、「へー」という感じでした。

もともと私が弁護士を目指したのは、就職活動中にセクハラみたいなことがあって、このまま企業に就職しても自分らしく生きていくことができないと思ったからです。そういう経緯から「個人の尊重」というテーマには元々思い入れがありました。自民党改憲草案の中に「個人の尊重」を無くすというのが入っているので、これはますます個人が尊重されなくなるのではないかと危機感を覚えたのです。

――ご自身が発起人になったのですか。

早田　そうです。62期の黒澤いつきさんと2人で、「これは何かしないといけないね」と話し始めたのが２０１２年12月衆院選の翌日。それで同年代の人たちに声をかけてなにか始めようか、となったのが最初の動きです。同年4月に改憲草案が発表され、安倍政権ができるまで8か月。それまでも危険だと言われていましたが、政権が出来ていよいよまずいとなって動き始めました。その思いは他の人も共有していました。

最初の立ち上げメンバーは私と黒澤さんの2人。「あすわか」の呼びかけ人は28人で、2～4年目のごく若手の弁護士が初期メンバーとして集まりました。呼びかければすぐに28人集まるくらい危機感が共有されていました。憲法運動を、従来の九条の会よりも広い範囲でやらなきゃいけない、という認識自体はみな一致していたと思います。２０１３年1月の立上げ当時が28人、そして今は６００人になりました。

無償では運動を続けることができない

――「あすわか」を運営する上で気をつけていることはなんですか。

早田　憲法運動だからと、無償ではやらないということです。九条の会などをやってきたベテランの弁護士の中には、「講師料はタダで当然だろ」という方もいます。しかし、「あすわか」

に講演依頼があったときは、2万円プラス交通費を下限として引き受けています。弁護士という専門性を生かして話をしにいくのだから、ある程度の対価が必要。若手弁護士にも生活があるので、無償では講演を引き受ける弁護士が疲弊してしまい、運動として長く続けていくことができません。そこは気を配っていますね。

――今の事務所を選んだ理由と、弁護士を志願した理由を教えてください。

早田　労働事件をやりたかったからです。2つきっかけがあり、ひとつは母が25年間非常勤講師として勤めた学校を雇い止めにあったこと。公立学校なので、非常勤公務員の雇い止めです。そうなると民間企業での雇い止めと違って、雇い止めに関する判例法理が使えない。非正規公務員は今も争いづらい分野ですが、その状況の中、母は裁判を起こしました。ものすごい精神的な負担を負いながら裁判を続ける母の姿をみて、たとえ週1だけの非常勤講師先であっても、25年勤めたところを雇い止めに合うのが本人の尊厳に対してどれだけ重大なことなのか、ということを肌で感じたのが大きかったです。

それから2つめの理由として、就職活動の役員面接のとき、「君は『頑張る』と言うが、男の頑張ると女の頑張るは違うんだよ」と言われたこと。そんなこと言われるものなのか、と衝撃を受けました。民間企業には女性差別はまだまだあり、当時はそういう発言が多かった。女性だからといって男性と違う頑張りを求められるのは違うと感じました。

――印象に残っている事件は？

早田　国立大学の教職員の賃下げの事件です。東日本大震災の復興のためという名目で、国家公務員の給与を2年間にわたり平均8%ほどカットするという法律がつくられました。国立大学は法人化が行われ国立大学法人になっているので公務員ではありませんが、国から運営費交付金を受けて経営しています。文部科学省が国立大学に対し、国家公務員並みの賃金カットを行うよう要請し、さらに賃金カット分と同じだけその交付金を減らす、というやり方で、国が国立大学の教職員にも国家公務員と同等の賃下げをするよう圧力をかけたのです。

全国ほぼすべての国立大学や国立高等専門学校、色々な国立の機関で賃下げが起こり、その集団訴訟がありました。自分はその弁護団として活動していたのですが、結論的には負け、1円も取れなかった。和解もできなかったし判決

▶▶▶ 早田弁護士ってこんな人

同期の早田さん。もともと文学部出身、就職活動中に日本の労働現場のおかしさを実感して弁護士になるべくロースクールへ、という流れが実は私と同じだったりします。

修習中の「7月集会」では早田さんが実行委員会事務局長、私が青法協修習生部会の議長を担当しました。クールに大量の事務作業をこなしていましたが、集会最後の事務局長あいさつで感極まっていたのを未だに覚えていますね。

弁護士になるとすぐに「あすわか」を立ち上げ、国会で18歳選挙権について参考人として話をしたり、難しい労働事件も多数担当、常に全力回転で大活躍していてすごいなあと感心し続けてもう10年。

そんな早田さんですが、実は「嵐」の大ファンという意外な？側面も。

これからもまだまだ弁護士人生長いですから、じっくりと、ゆっくりとでも止まることなく、いろんな活動継続していきましょう。私もがんばりたいと思います。

（田村優介）

では敗訴。「独立行政法人」であるといいながら、国立大学を言いなりにさせようとする国という構造を印象付ける事件でした。

しかし、国や大学等のやり方には納得できないということで、かなり多くの方が原告になりました。私としては、それだけ多くの人が立ち上がったこと自体が印象的でした。私が担当したのは国立高専の訴訟で、全国一斉に国立高専機構を訴えるという特殊なケースとなりましたが、原告として200人以上が集まりました。

私が証人尋問を担当した原告の方は若い方で、まだお子さんが小さかった。この賃下げで幼稚園に入れるのを1年遅らせた、と言っていました。今、私にも子どもがいて分かるのですが、幼稚園入園を1年遅らせるのはとても大変なことです。集団生活できる時間が短くなるし、集団生活によって子どもが学べる時間が減り、家族の負担も大きくなります。賃金減額によりそういう負担を強いられるというのは、大変なことだと思います。

――敗訴には政府の圧力を感じましたか。

早田　政府の「圧力」というわけではないと思います。公務員に関していえば、労働契約関係ではなく任用関係であり、一般企業と労働者の関係とは異なる場面が多い。しかし、国立大学の職員は、公務員ではなく労働契約関係です。国立大学法人になったことで純然たる労働契約関係になったはずなのに、国からの補助金で大学が動いていることで難しくなっている。

敗訴について納得できないという思いは、今でもあります。国立大学をめぐる状況はそれから良くなったわけでもなく、どんどん悪化しています。国の政策が絡んでいるからといって一方的な賃金減額に納得しなければいけないのは、今でもおかしいと思います。ただ、これだけ多くの方が原告になったことで、やられっ放しではないという意思表示ができたことは重要だったと思います。恐らくその後、大学側が何か強行しようとした場合でも、ためらいが生まれたと思います。何かおかしなことをしたら労働組合がまた争ってくるかもしれない、と思うようになったのではないでしょうか。そういう意味でこれだけ多くの方が個人として意思表示をした、組合としてだけではなく原告になった、というのは重要だったと思います。

国としてもっと、働くことへの価値を正当に認め、経済的な保障なり雇用の保障なり、応えなければいけないのではないか、考え方を抜本的に転換する必要があります。現代は人や能力がすごく安く見積もられている感じがします。労働事件は仮に経済的なリターンがそこまでなくても争いたいという人が非常に多く、仕事をすることとその人の生き方の尊厳の部分が、かなり密接に関わっていることを示しています。

――弁護士の心構えとして、思い入れがある事件で敗訴になった場合の気の持ち方は?

早田　なぜ負けたのかを考えます。弁護士の仕事である以上、判決が出る前からどういう可能性があるかというのは常に考えなければいけない。その中で当然、完全勝訴から完全敗訴まで考えて準備をしています。当然われわれは原告本人ではないので、完全敗訴に対する心構えはできている、できてないとおかしいと思います。でも想定はしていてもやはりショックは受けます。ただそれで当事者と同じようにショックを受けていては、プロフェッショナルとはいえません。ある程度ショックを緩和するように自分の中で心構えしないといけないし、その上でなぜ負けたんだろうなと冷静に分析します。

ある意味ドライな話ですが、敗訴に引きずられ過ぎると身が持ちません。割り切らなければいけないし、ショックを受けているだけでは判断力が鈍ります。怒りにまかせて行動を取ってしまうと選択を間違えてしまう。そうではなく、次の手段を取るならこういうメリットとデメリットがありますよ、と冷静に説明するのが弁護士の役割です。うちの事務所は恵まれていて先輩達とざっくばらんに話せる環境にあるので、そういう心の持ちようを学ばせてもらいました。

――依頼者対応で苦労することはありますか。

早田　それぞれに難しいですね。たとえばＤＶ被害者の方。まず身の安全を確保しないといけないし、ＤＶを受けたことで精神疾患になっている方が少なくありません。専門機関と繋いで身の安全を確保しながら法的な措置を取っていくことは、容易ではない。私の担当事件ではないのですが、裁判所前で夫が妻を刺した事件もあったし、当事者の方をどう守るかはかなり課題になっています。離婚はできてもその後の身の安全をどう確保するか、子の面会交流をどうするかという話もある。その上で今後の経済的な手当もできるだけ対応するとなると、難しいですね。

基本的に家庭裁判所は「面会交流して下さい」と言いますが、子どもとDV行為者を2人きりにするわけにはいかず、被害者がついていかないといけない場合があります。DV行為者と被害者が顔を合わせないといけないのです。

――そういった場合、どう対応しているのですか。

早田　なるべく人の目があるところを交流場所にしています。たとえばファミレスや児童館などです。DVは人の目が無いところで起きるので。

――精神疾患の方と接するときに心がけていることは。

早田　自分が病気にならないことです。例えば性犯罪被害者の聞き取りをすると、代理受傷といって、聞き取った者がメンタルにダメージを受けてしまうことがあります。依頼者に同化しないよう、必ず気分転換をするようにしています。ただ、この点はできるようになったとも思わないし、まだ難しいですね。依頼者が受けたショックを第三者の裁判官にわかってもらうように書面化しないといけない仕事なので影響は受けやすいのですが、かといって影響を受けてはいけない。弁護士は精神疾患になるリスクが高い職業だと思います。

――気分転換にはどんなことを？

早田　子どもが生まれる前はヨガに行っていました。あと嵐のDVDを見たりですね。

●今は手持ち事件を減らし子ども優先

――早田さんの育児と仕事の両立は。

早田　いま産休中ですが、2児続けて産休なので自分の手持ち事件としてはとても少ないです。休みに入る前は半分くらいが労働事件、残りは一般民事、離婚相続が多いですね。そのほかは損害賠償など。今、上が1歳、下3か月で、できるだけ子ども優先にしています。

――配偶者の方も弁護士をされているそうですが。

早田　うちの夫は結構手伝ってくれます。特に2人目が生まれてからは、基本的には7時に帰ってきています。子どもが2人になると、大人2人いないと回らない。たまに夫が遅くなって自分が1人でやることとありますが、そうなると下が泣きっぱなしで上の面倒みて……と大変。役割分担は明確になく、なんとなくでやっています。お互いに2人で家事育児をしないといけないという意識があるから、なんとなくでもっているんだと思いますね。ストレスが溜まらないようにする工夫は、同時に家事をやること。どっちかがテレビ見てどっちかが家事をしていると不満が溜まってしまうので、2人で同時に家事をする。そうすると2人とも手が動いているので片付くのも早いし、私がやっているのにあっちはやっていない、という不満が溜まりません。

とある平日のスケジュール	(時)	とある休日のスケジュール
授乳	0	授乳
就寝	1	就寝
│	2	│
授乳	3	授乳
就寝	4	就寝
│	5	│
授乳	6	授乳
起床　子どもの食事	7	起床　上の子の食事
保育園へ上の子を送る	8	掃除洗濯
掃除　洗濯など	9	買い物
授乳	10	あすわか事務局会議
可能なら仕事	11	│
昼食	12	昼食
可能なら仕事	13	寝かしつけ
授乳	14	│
お迎え	15	子を夫に任せて休憩
公園	16	│
│	17	公園
調理	18	調理
子どもの食事	19	食事
子どもの入浴	20	子の入浴
寝かしつけ	21	寝かしつけ
│	22	│
自分の入浴	23	自分の入浴
│	24	│
育児休業中。合間に仕事ができるかどうかは運しだいです。		休日は保育園がないので、子どもたちの相手だけで１日が終わります。夫と交替で休憩タイムをとるようにしています。

――育休中ということですが、どうやって案件を受けているのですか。

早田　事務所の弁護士と共同受任していて、家で出来る範囲の文書を作るとかは多少やっています。私の前に出産した女性弁護士が何人もいて、子育てにかなり協力的な事務所だからできていることですね。先輩方がそういう風にしてきてくれたから今私が仕事を続けられている。

どこの事務所にするか就職活動をしていた時、「産休・育休はどうなっていますか？」と聞いていったのですが、「何を言ってるんだ」と返してきた事務所もありました。弁護士は労働者ではないから法律上は産休・育休がないんです。事務局を雇用している身でもあるので、事務局に対して、弁護士が産休だからその期間は来なくていいよなんて絶対言えない。それぞれの事務所で苦労があると思います。

――早田さんの事務所のような所が増えてくれるといいですね。今の生活での課題は。

早田　弁護士の仕事と育児の両立で一番課題なのは平日の夜と土日です。保育施設が預かってくれない時間帯ですが、そこに相談に来たい依頼者が多い。依頼者の方も自分が仕事を休むのはハードルが高いので、普通は退勤後や休みの時に来たいんですね。その対応が課題です。そこで私が仕事に行ってしまうと、2人見なければならない夫に負担がかかるし、逆も然り。そこをこのあと育休から復帰した時にどうしていくんだろう、というのは考えています。

――テレワークが広まるといいような……。

早田　遠隔の通話などはまだ日本の社会で一般化していないと感じます。直接顔を見て話せないなんて、と思う依頼者の方も多いでしょうし。ＣＮＮなどを観ていても、海外では遠隔でのインタビューはすごく多いので、日本社会の受け入れ度合いの問題もあるだろうなと思います。

――家事育児と仕事の両立でほかに工夫していることはありますか。

早田　１人目が生まれた後に大学での非常勤講師を始めました。産休育休で事件が減った分、新しいことやってみようかなと思って。「市民と裁判」という科目で、市民にとっての裁判制度の話をかなりざっくばらんにする法学部向けの講義です。「あすわか」の活動をする中で、もっと広い層にアプローチしたいという思いがあって、若い世代と接する機会でもあります。学生には毎回レポートを書いてもらいますが、若い人の考えを知れるきっかけにもなっています。

――法学部の学生と接していて感じたことはありますか。

早田　男尊女卑はもうないと思っている人が結構いますね。女性差別はもうない、むしろ男性差別がある、と。就職活動でさっき言ったようなセクハラがあり、私は「まだ差別がこんなにあるんだ」と衝撃を受けた方なので、意外でした。就職、結婚、出産の時に一番差別を感じますが、学生はまだ経験してないからそう思うのかもしれません。学生バイトは時給が一緒なのに重いものを持つのは全部男がやらされる、という話を学生から聞いて納得しました。

私の感覚で言えば、弁護士になってからも女性差別はありました。セクハラは意外に弁護士の中にもあります。ただ弁護士の良いところは、それに対して「嫌です」と言ったり抗議しても特段支障が無いところ。ある意味で弁護士は、若手が自由にやれるというのでは一番良いところかも知れません。私が2年目で「あすわか」を立ち上げ、2、3年目から活動をやってこれだけ広がったこともあります。弁護士1年目でハラスメントを受けてそれに抗議しても、別に干されていません。差別がないわけではないですが、それに対する対応の自由度が違う、ということですね。

——人権弁護士として活動をしながら、どう収入を保っていますか。

早田　私は体を壊す寸前で、かなり仕事を休みました。休むと極端に収入が減ります。さらに産休に入ったので、育児が落ち着いて仕事に本腰を入れられるようになったらまた頑張ろうというつもりで今はいます。顧問先との関係は今も続いているし、産休に入る前から継続している事件もあります。

——弁護士は収入にならない仕事も多いですか。

早田　事務所によるし、自分が何をやるかによりますね。弁護士会の委員会の活動などは無償だし、本を書いてもほとんど収入にはならないです。それはやりたいからやっている面もあるので。「あすわか」で事務局長をやっていることでの報酬もありません。「あすわか」を通じて憲法カフェの講演依頼を受け、講師として行った場合にその講演料をいただくことはありますが。

——やりたいことをやりながら生活を回していくためにはどうしたらよいでしょうか。

早田　今は産休などがあって出来ていないとしか言えないですが、本業を見失わないことですね。事件活動に立ち返るというのは重要なんじゃないでしょうか。やはり弁護士として事件を受けて当事者と話すことがベースにあります。「あすわか」の活動をしても事件受任は減らしたくないですね。さっき大学で「市民と裁判」の講義をしていると言いましたが、自分が事件で感じたことでしか喋れないです。弁護士としての活動の基礎は事件活動にあります。育休から復帰したら、そこをもう一度しっかりやりたいと思います。

早田弁護士の10問10答

1	好きな音楽は？	RAG FAIR、INSPi、TAKE6、Real Group、orange pekoe、嵐
2	好きな映画は？	「CHICAGO」
3	弁護士にならなかったら何になっていた？	学校の先生
4	好きな動物は？	ホッキョクグマのロッシー（日本平動物園）
5	好きな四字熟語は？	花鳥風月
6	座右の銘は？	出る杭は打たれても出る
7	好きな食べ物は？	子どもが食べてくれるもの
8	自分の前世はなんだと思う？	前世は信じない
9	好きな本は？	『図書館戦争』（有川浩）
10	好きな歴史上の人物は？	細川ガラシャ

弁護士を目指すあなたへ

楽ではありませんが、

楽しいですよ。

お待ちしています。

弁護士

早田　由布子

たむら・ゆきな

田村有規奈

1989年4月20日生まれ、東京都八王子市出身
東京外国語大学外国語学部（ロシア語専攻）卒業
一橋大学法科大学院修了
弁護士登録2016年（司法修習期69期）
弁護士法人川越法律事務所→五反田法律事務所

●勝訴したハンセン病患者の笑顔に弁護士業を意識

――弁護士になりたいと思ったきっかけは何ですか。

田村　私は東京外国語大学の出身で、ロシア語を専攻していました。もともと語学に強い興味があったわけではないのですが、第一志望の大学に落ちてしまって、後期試験で受かったのが外大のロシア語専攻だったんです。入学するかは迷いましたが、そこから何か道が開けるかも

しれないという期待と、当時国連で働くことに興味があったので、国連の公用語の一つであるロシア語は何かに生かせるかもしれないと思いました。1年目は毎日すごく重い辞書を2冊鞄に入れて地道な勉強をしてしんどかったですね。大学3年で、伊勢崎賢治教授の平和構築ゼミを受講しました。彼は紛争地に赴いて武装解除をするなど国連から紛争解決を委託され取り組んでいる方。命の危険を冒しながら紛争地のリーダーと話し、銃を取り上げて処分させたりと、まさに紛争の現場で働いてきた方で、先生自身にとても興味がありました。ところが先生は、学生の指導にはあまり興味がないという変わった方で、ゼミではあまり自分の話をしてくれず、ゼミ生に議論させたり、プレゼンさせたりするのがメインでした。あるとき先生が「私は日本のことについてあまり学がない。日本の社会問題について君たちに教えてもらいたい」と言ったのをきっかけに、ゼミ生たちで通常のゼミとは別にサブゼミをつくり、少人数のグループで福島問題、労働問題などで定期的に勉強会をするようになりました。サブゼミではフィールドワークを中心に、新宿の路上生活の方の話を聞いたり、そのボランティアに参加したりして、その結果を伊勢崎先生に報告していました。

その時に感じたのは、私を含む学生たちは、自分より遠くの問題の方が取り組みやすいのかな、ということです。当時私の周りの学生たちは、海外志向が強かった。たとえばカンボジアに行ってボランティアをするとか、それが普通だという雰囲気がありました。確かに途上国の貧困は深刻だし、日本ほどの医療もなかったりします。ただ日本の社会問題も深刻です。日本で餓死する事件も起きているのに、そういう人たちにはあまり光が当たっていない。自己実現のため海外でボランティアをする学生の姿は一般的でも、日本の貧困問題に関心をもっている学生は私の周りにはほとんどいなかった。一番の例は路上生活の人々。日々身近に見ているのに、皆少し不快なものとしてとらえています。近くに来たら異臭もするし、ちょっと離れておこう、という雰囲気です。だけどすごく身近にいる困っている人たちで、それを見ないふりをして生きている。話しかけるのも怖いなという気持ちもあり、なんで路上生活しているのか、知ろうとも思っていなかったわけです。身近な問題であればあるほど、「臭い物に蓋」するかのように見て見ぬふりをしているのではないか、そんな自分に気がつきました。

大学3年の頃に路上生活者のボランティアの団体に入りました。そうすると路上生活者と顔なじみになり、「○○さん」と名前で呼ぶ知り合いになる。向こうも顔を覚えてくれて私が来るのを楽しみにしてくれたり。ボランティアでは味噌汁を配り、飲む間にお話しします。必要があれば居住支援、生活保護の同行申請などしていましたが、それを無理に勧めるわけではなく、信頼関係が出来てくる中でニーズを聞きやすくなるので、必要があれば対応する、という形でした。活動をする中で、路上生活者の方それぞれがそうなった背景が見えてきて、個人の努力だけではどうにもならない事情があるんだというのも見えてきました。このような経験を通して、国連で働きたいとか自分と遠いところに夢を抱いていたのが、もっと身近な足下から始めようと視点の転換が起きました。でも、それが弁護士になるという目標とすぐ結びついたわけではありません。それまでは法律がどう人の生活と結びついているのか実感する機会もあまりなかったのです。進路選択の際、自分が生涯を通して何をしたいのか、すごく考えました。民間の就職説明会にも行きました。でも何をしたらよいのか全然見えてこなかった。その時に出会ったのがハンセン病の問題です。きっかけは、外大で非常勤講師として社会学の授業を担当していた黒坂愛衣先生との出会いでした。先生はマイノリティ問題についての授業を持っていて、部落問題、在日韓国朝鮮人、LGBTなど当事者の方々をゲストスピーカーとして呼んでくださり、その方々の生の声を聞かせてくれました。紙の上の勉強が多かった大学の講義のなかで、先生の講義はとても印象的でした。

ハンセン病の回ではドキュメンタリーを見ました。南日本放送という鹿児島のテレビ局が制作したドキュメンタリーで、「人間として」というタイトル。ハンセン病の元患者さんたちが起こした国賠訴訟の提起から勝訴に至るまでの様子を追ったドキュメンタリーです。そのドキュメンタリーを見るまで、ハンセン病という病気があり、療養所があることは知っていましたが、その方々がどういう目に遭わされていたのかよく知らなかったので衝撃を受けました。一番ショックだったのは強制堕胎。療養所のなかでは子どもを持つことを許されず、妊娠したら強制的に堕胎の手術をされる。男性も断種手術を受けることが療養所内での結婚の条件で、妻に言わずに手術を受けてしまう人もいたといいます。妻が男性の血の付いた下着を見つけて「どうしたの？」と聞いて手術を受けたことが分かっても、もうその夫婦は二度と子どもを持つことが出来ない。国家権力によって人としての幸せを奪われる残酷さに身体が凍るようなショックを受けました。全く人権を認めない政策を日本がしていて、それが割と最近の話だというのが衝撃だったのです。らい予防法が廃止されたのも私が生まれてからです。そういう法律が現代まで生きてしまっていて、しかもそのことが十分に知られていない。みんな関心が無い。私は大学生にもなってちゃんと知らなかった。とてもショックでした。

療養所には火葬場、納骨堂があり、入所者は亡くなってもふるさとのお墓に入ることが出来ませんでした。療養所では裁判にかけることなく処罰することが認められていました。療養所を脱走して捕らえられ、夜間には零下20℃にもなる山奥の監禁室に何日間も閉じ込められ凍死した人もいます。ハンセン病政策で日本がやったことはナチスと一緒なのに、自分がそれを知らなかったことがショックでした。私にとってはナチスによるホロコーストが人類史上最も恐ろしいことで、昔から、どうしたらそういうことが起きないのかな、ということが常に頭にありました。国連がその答えの一つのような気がして国連職員になりたいと思ったこともあり、外大でも国連関係の授業をとりましたが、いまいちピンとこなかった。

ハンセン病のドキュメンタリーは国賠訴訟で勝訴の判決を勝ち取ったところで終わっていました。私はそれまで裁判が社会の役に立つものだと具体的に意識したことがなかったのですが、勝訴の際の原告さんの笑顔や「やっと人間になれた」という言葉にすごく胸打たれました。ドキュメンタリーの冒頭では、首から下の撮影だったり、後ろ姿しか映していなかったりと原告さんの顔は隠されていましたが、勝訴判決後、原告さんはテレビに顔を出し、喜びを露わにして弁護士と抱き合っていました。その時に、伴走者としての弁護士という存在を初めて認識しました。裁判にはこのような社会を変える力があり、代理人としてそれをできるのは弁護士だけなんだな、と強く感じました。そこではじめて現実的な選択肢として弁護士になりたいと思ったのです。そこからロースクールに入ることを考え始め、その後司法試験を受けて今があります。

ベテラン揃いのハンセン病家族訴訟弁護団で若手として尽力

——今受託している事件はどんなものが多いのですか。

田村　２０１６年に、ハンセン病元患者の家族が、国の強制隔離政策によって家族も偏見差別等の被害を被ったとして、国賠訴訟を提起しました。このハンセン病家族訴訟の弁護団には当初から関わらせてもらっており、２０１９年7月に国の責任を認める勝訴判決が確定しました。訴訟はもう終わっていますが、ハンセン病に対する偏見や差別を解消するための厚労省、文科省、法務省の三省と弁護団との協議が続いていて、そういう仕事が残っています。それが１割くらい。それとＨＰＶ薬害弁護団が１割。残りは一般民事の事件です。労働事件もあるし家事事件もあるし損害賠償の問題もあるし、偏りなく色々なことをやっています。

――ハンセン病では補償金が一人30万円～130万円という判決でした。

田村　その後、厚労省との協議で、判決で棄却された原告、原告以外のハンセン病家族を含め、判決で認定された金額を上回る補償金を支払う旨の合意ができました。これから法案が国会に出されるので、あとは国会での審議事項です。補償金を支払って終わりではなく、差別、偏見解消の問題は続いていきます。厚労省が全国の中学校に毎年ハンセン病のパンフレットを配布していますが、その記載事項をどうしたらもっとわかりやすくできるかなどを省側と協議しています。そういうことに弁護士が関われるというイメージがなかったので、とても貴重なことに関わらせてもらえていると感じてます。社会を変える現場にいられるのがうれしいですね。ハンセン病で特徴的なのは、国が差別を蔓延させたこと。隔離しやすくするために差別や偏見を根付かせたのが国なので、国が自ら総力をあげてそういうものを除去しないといけない。なかなか正解も見えないことなので、10年20年というスパンで関わっていかなければならない問題です。

――ハンセン病弁護団の中では他にはどんな取り組みをしているのですか。

田村　過去の検証です。熊本県の温泉で「黒川温泉事件」と呼ばれる差別事件が過去にありました。2001年の勝訴のあと、ハンセン病の元患者たちが宿泊しようとしたらホテル側が拒否した事件です。宿泊拒否が問題だということは当然で、ホテルは速やかに旅館業法違反で起訴されました。ホテルが起訴されたというニュースがメディアで大々的に取り上げられたとたん、患者さんたちに差別文書がたくさん届いたのです。「裁判に勝ったからって調子に乗るな」「誰だってあなたたちとお風呂に入りたくない」「身の程わきまえろ」とか。それに国が何ら対応をしていないのです。裁判では勝ちましたが、差別や偏見の気持ちは簡単になくならない、ということを表している事件です。本来なら、差別を生んだ国がどうしたらいいのかを一生懸命考えなければいけない問題ですが、それがなされなかった。だから弁護団として、どうすればいいのかを国に考えてもらおうという姿勢で問題提起をしています。国に一生懸命やってもらうことが大事なんだ、と。

勝訴した後、国会質問をするための準備で、国会議員が事務所を訪れてくれました。裁判をしているときはそんなことは考えられませ

▶▶▶ 田村弁護士ってこんな人

田村有規奈弁護士は、私と同じ69期のさいたま修習の司法修習生で、共に7月集会を企画する委員として活動するなどしていました。弁護士になった後も、ともに代々木公園にて周りから人の姿が消えるまで宴会をしたり、新宿駅にて終電を逃したためにタクシーに乗らざるを得ない人の列に並ぶなど、楽しい時間を過ごしています。

そんな彼女に対する私の印象は、常識を疑い、社会問題に対して行動を起こす人間だ、というものです。普段からいろんな出来事に対して、「周りはこうこう言うけど変だと思う」、「こういう社会になってほしいな」等々言っており、鋭い視点を持っているな、と感心させられます。そのようなキャラクターが、弁護士への方向づけを生み、その後の弁護士としての活動に繋がっていると思います。

我々弁護士には果たすべき社会的役割があります。最も重要な役割は、社会がエラーを起こした際に、法的な手段でエラーを明らかにし、またあるべき社会像を示し、被害者の救済につなげることだと思います。彼女が弁護士として行う活動は、まさにこの役割ではないでしょうか。

（針ケ谷健志）

んでした。勝つというのは本当に大きいことなんだなと実感しました。裁判中は「国会ローラー」といって議員さんの部屋を一つひとつまわって裁判について説明し、力を貸して下さいとお願いしていたのですが、今は向こうから来てくれます。すごいな、ここまできたんだ、という気持ちです。

――弁護団での役割は。

田村　弁護団には国の政策の責任をまとめる責任班、原告の話を聞いてその損害についてまとめる損害班、啓発チラシやパンフレットを作ったり支援者の方々と集会する運動班がありましたが、私は運動班と損害班に入っていました。明確に分担が分かれているわけではなく、それぞれができることをやっていました。

――勝訴は個人的にどんな経験になりましたか。

田村　弁護士として国賠で勝つことはなかなか経験できることではありません。家族訴訟では、熊本地裁で勝訴した上に控訴を阻止することができました。国賠訴訟で国が控訴をしないという判断をすることは異例中の異例です。控訴期間中の根回し、アピール、控訴を許さないという世論づくりは勝訴を得る以上にしんどいものがありましたが、とても重要なことでした。勝訴をしたときより、安倍首相の「控訴しない」という判断を聞いたときが嬉しかったです。もし控訴されたら、正直勝てる可能性が低くなるんじゃないかという懸念が私の中ではあったので。尋問で直接原告さんの声を聞いていない裁判官の判決で決められたくなかった。また、控訴によって裁判期間が延びることによって、判決を得る前に亡くなってしまう原告さんが出ることも避けたかった。高齢の原告さんが多かったので。

そんな気持ちを抱えながら毎日厚労省の前でビラを撒いたり、大臣との面談を要求したり、SNSで拡散して関心を持ってもらおうと取り組んでいました。ゴールの見えない闘いの中で7月9日午前5時ごろに弁護団の先生から電話がかかってきて「控訴阻止です」と教えられました。テレビを点けてニュースを確認して嬉しくて泣きましたね。その後安倍首相が直接原告に面会し、謝罪をしました。ハンセン病家族一人ひとりに握手をして。それが原告にとって一番嬉しかったと思います。国が謝った、自分たちの人生被害が国の責任であることを認めてくれた、というのは、自分たちの被害を乗り越えていくうえで、とても大きなことだと思います。それから補償金の協議があったのですが、判決から上積みしての補償というのはなかなか考えられないことです。すごくイレギュラーでした。

——弁護団はベテランが多かったのですか。

田村　20年前の元患者の国賠訴訟当時からのベテランの方が多かったです。私もこの裁判に対して、自分の弁護士としての原点として、強い気持ちを持っていたので、ベテラン揃いの弁護団のなかでなんとか自分の役割を見つけようとしていました。自分にできることを見つけるために、見切り発車でも、色々なことに立候補しました。そうしないとなかなか仕事をもらえないと思ったのです。裁判は熊本だったので主力は九州の先生になりがちでしたが、私もきちん

ハンセン病家族訴訟勝訴判決で旗を出す田村弁護士（左）

と関わりたかったので期日は毎回熊本まで行っていました。

――勝訴の旗出しを担当したのはどのような経緯なのですか。

田村　一番若手の弁護士に花を持たせてあげようという優しさなのかなと思います。思い出深いのは、弁護団長の徳田靖之先生が、勝訴後の飲み会で握手をしにきてくれて、「私はあなたに出会えてよかったです」と声をかけてくださったんです。なぜそうおっしゃったのか今も分からないですが、とてもうれしかった。徳田靖之先生は、大学3年生の時に見たドキュメンタリーで当時の弁護団の代表としてお話をされていました。私が目指した弁護士の姿は徳田先生の姿でもあります。ドキュメンタリーで見ていたハンセン弁護団の憧れの先生方と一緒に裁判をできたのは、本当に幸運なことでした。弁護士を目指したときは、家族訴訟が起きると予期していなかったので、私が弁護士になったタイミングでまた同じ弁護団で訴訟できる、先生方と一緒に闘えるというのは恵まれていたと思います。普通に弁護士活動をしていれば異なる地域の先生と関わる機会はほとんどないので、それが弁護団の魅力のひとつ。お金にかえられないものがあります。

●少年は弁護士に対して、どんな関係を築ける人なのか期待感を持っている

――少年事件についても聞かせてください。

田村　もともと少年事件をやりたいと思っていたわけではありませんでした。川越（埼玉県）の弁護士でしたが、川越では人口に対してまだ弁護士が少ないので、刑事事件で国選がよくまわってきます。少年事件は名簿に登録している弁護士も多くないし、独特の大変さがあるので「自分はいいや」という先生も多いため、私は集中してまわってきていたのだと思います。

――思い出深いものはどんな案件ですか。

田村　どの事件も思い出深いですね。成人の事件と比べて印象的だったのは、少年鑑別所では弁護士との面会にアクリル板がない、ということです。普通身柄を取られた場合は警察署の接見室なのでアクリル板越しに話をしますが、少年鑑別所にいる間の約1か月はアクリル板無しで話せるため、少年と距離が近く、とても話しやすいです。机ひとつを挟んで、触ろうと思え

ば触ることができる距離にいる、2人きりの空間です。鑑別所なので部屋もクリーム色で、絵がかかっていて、椅子もソファーになっていたりとやわらかい雰囲気で、接見室で被疑者、被告人と話すのは違う、これが第一の驚きです。最初は戸惑いもありました。特に性犯罪で逮捕された男の子と近い距離で2人きりで話すことには戸惑いましたが、だんだん慣れていきました。

少年事件と成年の事件とのもう1つの違いは、少年には高い可塑性があることです。彼らには変わっていく力、更生していく力があります。彼ら自身もいい方向に変わっていきたい、という気持ちを持っています。将来はこんな大人になりたい、子どもを持ったらこんなお父さんになりたいとか、良い方向に伸びたいという気持ちが根っこにあって、それに気付いて欲しいという思いがあります。話をしていると、彼らが持っているまっすぐなところが見えてきて、かわいいな、いい子だなと思います。一番感じるのは、彼らも私から何かを得ようとしている点です。ある意味では依存というか、私との関係性に何か期待がある。「この人は自分の話を聴いてくれるのかな」「わかってくれるのかな」「どんな言葉をかけてくれるのかな」という気持ちをみんな持っていて、心を閉ざしきっていないんです。本当に柔らかい心を持っていて、感受性が豊かで、変わっていく。1か月弱の中でその変化が見えます。自分としても彼らからとても学ばせてもらったと思います。

少年事件では、家庭環境がいい子というのはほとんどおらず、みんな家庭のなかでトラブルや寂しさ、理不尽な思いを抱えています。少年事件は彼らだけの責任ではなく、彼らだけが変われば解決するわけではないから難しい。独善的になってしまった理由が家庭にあって、受け止めてくれる人や真剣に叱ってくれる人がいなかったり、家庭に戻れないから少年院に行かなきゃいけない、という子もいます。少年院に行っても手紙をくれる子もいます。「ご飯が美味しくて太ったよ」とか、「運動会楽しかったよ」とか、そういう他愛のない内容の手紙ですが。少年事件で彼ら彼女らと心を通わせられるという実感を得られてよかったです。

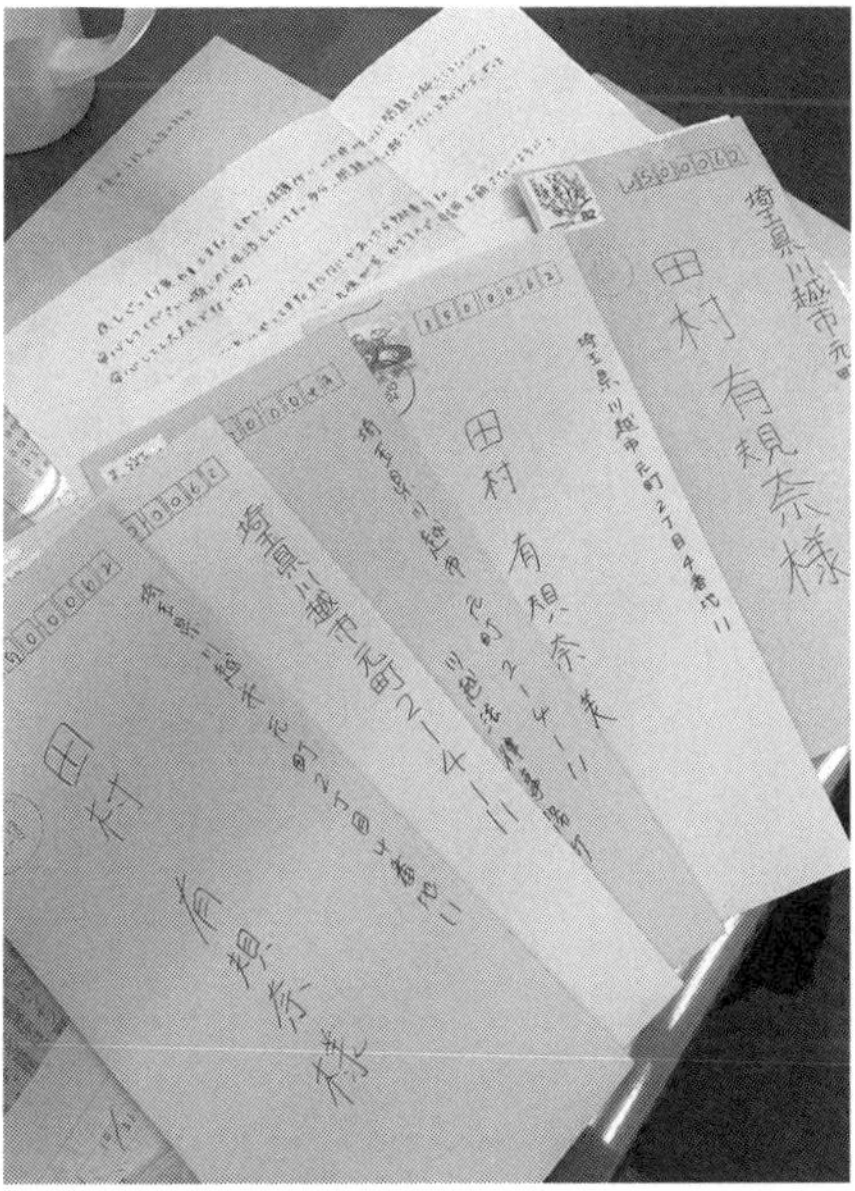

少年達から田村弁護士に届いた手紙。「全て大事にとってあります」

　少年事件は少年だけでなく家庭、ご両親とも密に連絡を取らないといけません。その少年が育っている環境を知るために、なるべく直接ご自宅まで伺うようにしています。お話をするなかで、「自分にはあの子をどうしようもできない」と投げやりになっている親御さんもいます。その家庭には家庭の事情があり、弁護士には踏み込めないところもありますが、少年自身が変わりたいという気持ちを持っていることを伝えると「あの子が？」と分かってもらえたりします。少年は少年で、鑑別所に入って、生まれて初めて親から離れて生活することで、親の大切さ、与えてもらっていた愛に気付くこともあります。

親子の関係改善や少年が帰って来られる場所をつくる環境調整をするのは弁護士の仕事です。事件を扱う中で、自分には想像もつかないような育ち方をしている子もいることを知りました。少年事件で一番重視されているのは処罰ではなく更生です。成人になったら制度上は自己責任で、やったことの責任を取らせるという発想ですが、少年事件ではどうやったら彼らがいい大人になっていくのかというテーマを裁判所と一緒に考えるので、成人とは違うやりがいがありますね。

罪を犯した少年の「変わる力」を実感

――親子の状況を変えることができた、と実感した体験を教えていただけますか。

田村　変えることができた、というとおこがましいですが、少年がつらい思いをした結果、状況が変わったケースはあります。私が印象的だったのは、中学生の女の子の事件です。彼女は自分の家に火をつけたということで逮捕されたのですが、火をつけた理由が自分の母親を殺したいと思ったということなので明確に殺意がある。警察署に勾留されていた期間も長く、私が国選でついてからとても長い付き合いになりました。最初は警察署の接見で、アクリル板越し。その時の彼女は目が虚ろで、涙を流すこともなく、淡々と喋っていました。犯行当日の行動などを、一切感情を表すことなく淡々と話してくれた。彼女の母親は夜の仕事をしていて彼女にも売春まがいのことをさせようとしたり、内縁の夫からの性的虐待があったりと問題が多いご家庭でした。彼女は家を飛び出し知人の家に転がり込み、そのうちに、「お母さんを殺すしかない」と思い込むようになりました。殺害方法を考え実行にうつす過程を淡々と話す彼女の声を聞いていると、血の気が引くような気持ちがしました。誰かを実際に殺そうとした人の話を直接聞いたのは初めてのことでした。

何回も会ううちに彼女の感情が出てくるようになりました。彼女には仲の良い妹がいて、「(家に火をつければ) 妹も死んじゃうって思わなかったの?」と聞いたら、「そこまで考えられなかった」と。そこで彼女ははじめて感情を露わにして「妹が死んじゃうかもしれなかった」と言って泣きました。その後会う度にだんだんと打ち解けるようになり、笑顔も見られるようになってきました。

ある日「お母さんに手紙を書いてみない?」と言ったら「わかった」と。彼女が書き上げた手紙を読んだら「お母さんが生きていてくれてよかった」と書いてありました。色々な気持ちがあったと思いますが、その言葉が出てきたことは私にとっても、彼女の母親にとってもよかったです。それを読んだ母親もすごく泣いて「あの子は本当にいい子。いつも人のために動いている。また一緒に暮らしたい」と言ってくれて。その母親の言葉を伝えたら彼女もすごく泣いて「今すぐは無理だと思うけど、いつか私もお母さんと暮らしたい」と。その後母と妹に面会にきてもらったのですが、妹は彼女について「(事件前は)ずっときつねみたいな目になっていて怖かった。でもそれが前の優しかったお姉ちゃんに戻ってた」と言っていました。これからもたくさん大変なことがあるかもしれないけど、いい方向に向かっているのかな、と思いました。火をつけるまでして彼女は現状を変えたかったし、その力があるんだろうなと。

彼女の将来の夢は保育士さんで、子どもが好きで妹のことも可愛がっていました。彼女は少年院に行って、戻って来たらいろいろ大変なことがあると思いますが、でももう犯罪をする方にはいかないだろうなと。少年院から戻ってきたら、犯罪によることなく自分で状況を変える力がついているんじゃないかなと。その子のことはずっと忘れないし、幸せでやっているといいなと気にかけている子です。

少年事件で関わった一人ひとりに対して社会に出た姿を想像してしまいます。元気にやっていてくれたら良いなと本当に思います。

(※少年事件について、実際の事件とは事実関係を変えています。)

――日々の業務で、もっとやりたいなと思うことはありますか。

田村　日々いっぱいいっぱいなのかもしれないですね、あまりないです。今やりたいことをやっているのだと思います。やりたいと思ったこと全部やっている感じですね。

――弁護士は労働時間も長く、とても忙しい仕事だと感じます。

田村　自営業なのでやりたくないことは基本的にはやる必要がありません。自分のやりたいことをやれるのがこの仕事のいいところだと思います。上の期の先生と一緒にやっている案件は結構ありますが、押しつけられてやっている、みたいなことはうちの事務所はないです。一方で同期のアソシエイトの弁護士は、自分が案件に全然関わっておらず内容もあまり把握できていないのに、急に代理で期日に行かされたりすることも頻繁にあるようで、結構大変そうです。ただ、給料制で安定した生活が送れることを羨ましく思うこともあります。自営でやっていると経済的な安定はないので、将来の不安はあります。子どもを産んだり、病気になったり、色々と働けなくなる時があると思いますが、そういう時にどうしていけばいいのかなという不安は常にあります。

――休んでしまうとその分案件が受けられないですよね。

田村　そうですね。休みの日も常に頭の中に事件のことがあります。休日でも事件は継続しているので、完全なオフにはならないですね。特に刑事事件をやっているときは休日なんてないようなものです。今は少し息抜きがうまくなりましたが、慣れが必要で、急に1年くらいお休みをもらったら復帰するのも大変かもしれない。それに事件は一件一件が深刻です。人の人生を背負っていると思うと結構つらいので、あまり入れ込みすぎないようにしています。上の先生から「所詮は他人事って思っていないと自分が潰れるよ」とアドバイスを貰ったので、意識的にそう思うようにしています。

――もう少し環境が整うと、妊娠出産や病気を抱える弁護士も働きやすくなるのでは。

田村　そう思います。リモートワークがもっと整えばいいなと。裁判自体もシステムが変わって、もう少し裁判所に行かなくてもできるようになればいいのですが。裁判の期日に行っても3分くらいで終わってしまい、往復の時間の方が長いことが結構あるんです。

――今の事務所と自営での働き方を選んだ理由は何ですか。

田村　もともと、司法修習に入る前に給料制の事務所に内定をもらっていました。規模の大きい事務所で、企業案件があるような事務所です。当時の私は就職活動に焦ってしまっていて、早く収入を得たいという思いもあり、弁護士になりたかった動機はいったん横に置いて、まずは弁護士として安定して経験を積んで収入を得ようと思ったので、なるべくキャリアを積めそうな事務所に行こうと。しかしその後ハンセン病家族訴訟が提起されることになり、弁護士になりたいと思った初心を思い出しました。それで、内定先の事務所に相談したら、その事務所では弁護団事件は許可していないと言われました。一から就職活動をやり直すことになる不安もあり、迷いましたが、ずっと心にあったことを大事にしようと考えて内定を辞退し、もう一度就活して最初に出会ったのが川越法律事務所でした。ハンセン病問題をやりたいと言ったら、そこの先生は「うちは本当に自由だから」と言って背中を押してくれました。企業法務に興味が無いわけではないですが、原点に忠実であったほうがいいかなと思ったので。

とある平日のスケジュール	(時)	とある休日のスケジュール
帰宅	0	
お風呂	1	就寝
就寝	2	
	3	
	4	
	5	
	6	
	7	
起床	8	
通勤	9	
事務所にて電話・メール対応	10	起床
新規相談（近隣トラブル）	11	夫とブランチ
ランチ	12	電車移動
電車移動	13	講演会のための打合せ
偏見・差別解消のための実務者協議会 @厚生労働省	14	ハンセン病家族訴訟についての講演会
	15	
電車移動	16	
起案（未払賃金請求の訴状）	17	
	18	原告・支援との飲み会
	19	
同期弁護士と忘年会	20	
	21	
	22	
	23	
	24	
夜は飲みの予定が入ることが多く、帰宅は遅めです。飲まない日は、起案をするか、ジムに行くか、自炊して晩酌しつつアマゾンプライムで映画を観ています笑。		土日も弁護団等で仕事が入ることが比較的多いので、完全なオフの日というのは本当に貴重です。完全なオフの日は旅行に行くか、家に引きこもってひたすらダラダラ過ごします。

逆に今は自分の知らない領域、企業系の案件も興味は正直あります。そういう仕事に触れる中でどんなことを考えてどんな発見があるのかは知りたいと思っています。

――どんなときに弁護士としてのやりがいを感じますか。

田村　一般民事のごく普通の事件をやるなかで、日々やりがいを感じることはあります。弁護士の仕事は依頼者の主張を法的に構成して相手方にぶつけていくというものですが、「自分の言いたいことを言ってもらえた、わかってもらえた」と依頼者に言ってもらえたときに、弁護士として良い仕事ができたなと思います。弁護団の事件でも多分一緒で、依頼者と信頼関係をつくって専門職として法的に通じる形でアウトプットする作業です。出来上がった書面を見て、「こういうことですよ先生!」と言ってもらえるとうれしい。裁判としての結果は色々ですが、その過程にすごく意味を感じます。

――大変だ、つらい、苦手だ、と思うことは。

田村　色々ありますが、一番イヤなのは人から恨まれる仕事でもある点です。相手方から恨まれるのは当然だとしても、依頼者から恨まれることもある。依頼者との信頼関係を維持するのは結構大変なことでもあります。マイナスの感情でいっぱいになっている依頼者の方から、感情の起伏をそのままぶつけられることもあります。裁判が思うとおりにならず「もう死にます」というメールを送ってくる依頼者もいたし、深夜に何度も携帯に電話をしてくる方や、感情的になって酷い言葉をぶつけてくる人もいました。今までの人生で経験しなかったようなこと、言われたことがないような暴言を吐かれることが結構あります。その人の感情の渦に巻き込まれそうになりますが、そういうストレスをどう処理するかは一つの課題ですね。

――ストレスにはどう対処していますか。

田村　人と話すことです。守秘義務はあるものの、同業者と話すとみな同じ思いをしています。みんなしんどい思いをしているので、すごくわかり合える。それがないと逆にやっていけないかなと思います。

田村弁護士の10問10答

1	好きな音楽は？	**わりと何でも好きです。通勤ラッシュは音楽がないと乗り切れません。**
2	好きな映画は？	**「ロード・オブ・ザ・リング」（ミーハーですけど笑、エオウィンというお姫様が何を恐れるか問われたときに、「檻です。檻の中で歳を経、闘う気力が失われること」と答えるシーンに、いろいろなことが怖かった小学生の私は、「檻に入っていない私は、何でもできるはず」と、すごく勇気をもらいました）**
3	弁護士にならなかったら何になっていた？	**ホテル、レストラン、ウエディング等の企画運営の仕事**
4	好きな動物は？	**ゾウ**
5	好きな四字熟語は？	**比翼連理（特に意味が好きなわけでもないのですが、情景が美しい言葉だなと）**
6	座右の銘は？	**「踊るんだよ、踊り続けるんだ。何故踊るかなんて考えちゃいけない。意味なんてことは考えちゃいけない。意味なんてもともとないんだ…だから足を停めちゃいけない…誰にでもそういう時がある。何もかも間違っているように感じられるんだ…でも踊るしかないんだよ…音楽の続く限り」（村上春樹「ダンス・ダンス・ダンス」の一節）**
7	好きな食べ物は？	**タイ料理**
8	自分の前世はなんだと思う？	**うーん？　海が好きだから、魚とか…。**
9	好きな本は？	**村上春樹『海辺のカフカ』**
10	好きな歴史上の人物は？	**ネルソン・マンデラ**

弁護士を目指すあなたへ

働き方を考えることは、生き方を考えること
だと思っています。今も、まだそれを
考えている途中です。ただ、弁護士になって
良かったか？という質問に「良かった。」と
即答できるのは、ロースクール、司法修習、
弁護士になってからと、この人がいなければ
今の自分はいないだろうな、と思える
たくさんの尊敬できる方々との出会い
があったからです。紆余曲折あった人生
の中で、同じ方向を向いて励まし合って
頑張れる人たちに出会えたことは、
何より嬉しいことでした。これを読んだ
方々が弁護士になり、どこかでお会い
できる日を、楽しみにしています。田村
有規奈

にしかわ・けんいち

西川研一

1970年10月12日生まれ、京都府出身
立命館大学法学部法学科卒業
弁護士登録2007年（司法修習期60期）
弁護士法人名古屋E&J法律事務所→
田中清和法律事務所→（響総合法律事務所）→
弁護士法人・響
第二東京弁護士会副会長（出版当時）

●過労死事件から弁護士業を意識

――弁護士になりたいと思ったきっかけは何ですか。

西川　今でいうところの過労死事件です。うちは小学校の頃から母子家庭で、母親が働いていて、僕たち兄弟2人を食べさせてくれていました。母が過労で倒れたりしたわけではないのですが、色々苦労をしてくれていた。80年代半ばの僕が高校生の頃、過労死という言葉が出始め

ましたが、働くことは人や家族・自分の幸せのためにするはずなのに、それが真逆の方向である死に向かってしまうことはとても不合理だと思ったのです。何とかできないだろうか、自分に何ができるんだろうか、と考えました。自分に特段力があるわけでもないし、権力を手にすることもないだろうし、という中で、法律は国家権力が作ったものではあるが、中立のものとして作られている。弱者の側に立って法律を使いこなすことができれば、そういった人たちを守ることができるんじゃないか、と思い弁護士を志しました。

――受任した事件としてはどんなものが多いですか。

西川　事件数という意味でいうと交通事故が多いです。債務整理も名古屋時代から結構たくさんやっています。たとえば労働事件ばかりやっている弁護士だとその人の生き様に繋がると思いますが、僕みたいに雑多に色々やってきた人間から言うと、自分の取り組み具合だとか印象に残っているかどうかとか、そういうことの方が大きいような気がします。そういう意味でいうと過労死事件は3、4件くらいですが、そのうちの一つで名古屋の市バス運転手が焼身自殺した件は印象深いです。弁護士登録して2、3か月くらいの頃に水野幹男先生に誘って頂きスタートした案件で、未だに名古屋市側と争っており、もう12、3年になりますがまだ解決していません。公務員の労災にあたる公務災害として認定してもらうという裁判は、行政手続における三審制すべてで認定されず、その後行政訴訟として裁判所で争い、地裁で負けたものの高裁では逆転勝訴。ようやく業務上の災害として認定されました。逆転勝訴した時点で事件発生から8年が経過していました。その後、公務災害として認定されたことを受け、こういったことが二度と起きないよう交通局に労務管理を改めてもらうべく、名古屋市を相手として安全配慮義務違反を理由とする損害賠償請求を提訴しました。これは名古屋市が全面的に争ってきており、いまも係属の事件です。

――過労死事件はこんなに長くかかるものなのですか。

西川　これはとても長いケースですが、立証が難しいなどの理由で長期化することはよくあります。行政や大企業のようなステークホルダーが多いところだと、争わざるを得ないのかもしれません。今回の市バス運転手の事件も、市側は全面的に否認をしています。ご本人が亡くなっていると証拠が非常に少なく、訴訟は難しさを増すのです。水野先生がすごいのは、何も証拠がなさそうなところから丹念に事実をみて、フットワーク軽く出来ることはすべてやるという姿勢を今も持ち続けていらっしゃるところ。法廷でも、しっかりと裁判官に伝えるべきことを伝え、イニシアティブを取って進行をリードしています。彼の弁護士活動からは、学ぶことがとても多いです。

――過労死事件に関わった所感は？

西川　いろいろな意味で難しいなと思うし、とてもエネルギーのいることだと思います。弁護士のなかでも最も職人としての力が必要とされる世界のひとつだなと。普段の事件では使わないような医学的知見が必要であったり、労災関連などの専門的知識や、それ以外にもいろんな知識や経験が必要になります。当たり前ですが、過労死事件は毎回同じ業種で発生するわけではないので、事件ごとにそれぞれの業種、業態についての勉強も毎回必要になります。過労死事件の第一人者である水野先生については、当時もすごい先生だと思っていましたが、自分が弁護士として過ごしてきた10年以上を振り返ってみると、さらにすごいなと思います。

独立を通じ経営者らの仲間に

――最初は名古屋で弁護士活動を始めたのですか。

西川　そうですね。弁護士法人名古屋E&J法律事務所に入所して4年間働きました。その後大阪の田中清和法律事務所で2年間働き、大阪で独立しました。裁判所北側のビルに借りた14坪の部屋で、響総合法律事務所を2013年8月に立ち上げました。翌年4月に法人化し、その年の5月に事務所拡大のため移転して、その年の8月に東京の同期がやっていた事務所と合併して、弁護士法人・響東京オフィスを設立することができました。2016年には、自分も第二東京弁護士会に入会させてもらいました。

――なぜ独立しようと思ったのですか。

西川　独立した一番の理由は、独立前の2年の間に色々な他士業の方と知り合ったこと、異業種交流会などに参加させてもらったことが大きかったです。その中で「自分の名前で仕事をし

西川弁護士の独立当初の事務所風景

た方がよいのではないか」とのアドバイスを受け、自分もそう感じました。他業種の経営者の方と知り合うと、会社の規模が大きくても小さくても、経営者としてなんの後ろ盾もなく、一事業者として独立して仕事していらっしゃる。そんな時に彼らの仲間に入るには、自分も同じような立場でやらないと仲間として認めてもらえないんじゃないかと思ったんです。独立しないままでは、結局誰かの傘の下で商いをしているだけと思われかねない。後ろ盾を無くして荒波に揉まれている彼ら経営者の自負や生きがいを聞く中で、自分も仲間になるにはそうなる必要があるんだろうなと思いました。

――独立した当時のことを聞かせてください。

西川　どんな事務所を構えるのか、物件、内装などすべて自分で考えました。弁護士事務所らしくない事務所にしたかったので、店舗建築系の雑誌を見てコンセプトを考え、お金が無いなりに内装は結構工夫しました。知り合いのＨＰ制作会社にお願いしてロゴを決めたりＨＰを立ち上げたり、楽しかったですね。それから少し無理して事務員さんも雇いました。事務員一人雇用できないような脆弱な基盤の事務所に自分の大事な案件を頼めるか、と思われるかもしれないので。

　仕事という意味では、独立直前から顧問先になって頂ける方がどんどん増え、事件も紹介でたくさん頂きました。こんな風に必要とされることがあるんだ、と思いました。それまでも弁護士人生の中で感じたことではありましたが、「顧問になってほしい」「先生だからこそ事件を紹介したい」と言ってもらえると格別に嬉しく、仕事が楽しかったですね。当然仕事量はとても多かったです。E&J時代から朝まで事務所にいるのはざらでしたが、独立した時も相当やっていました。終電以降の帰宅は当たり前。まだ売上げも立たなかったので、タクシーを使わずに始発で帰ったりしていました。

▶▶▶ 西川弁護士ってこんな人

　西川研一さんとは、青法協の同期です。つまり、「青年法律家協会60期司法修習生部会」でともに活動した仲間だということです。西川さんは、この修習生部会の副代表として、2007年1月に京都で行った一月集会（人権課題に取り組む修習生の集会）を成功に導くなど、大活躍しました。この青法協の同期の仲間はいま、労働、貧困、刑事等の人権課題に全国で取り組んでおり、かけがえのないネットワークが維持できています。

　西川さんは、弁護士登録後、「SAVE THE NOON 訴訟」で弁護団長を務め、無罪判決を勝ち取り、これを最高裁で確定させ、更に、風俗営業等の規制及び業務の適正化等に関する法律改正にも尽力しました。また、過労焼身自殺をした市バス運転手の公務災害認定訴訟で逆転勝訴判決を勝ち取っています。そして、「人権型ロー・ファーム」としての弁護士法人・響を立ち上げて、その代表として活躍しています。青法協の同期には、すごい弁護士が多いけれども、その中でも西川さんは突出しています。彼の芯にあるのは人権活動であり、「人権型ロー・ファーム」の「人権型」という言葉は、伊達でも飾りでもありません。これが、本当に彼がやりたいことなのだと思います。

（指宿昭一）

独立した年の秋の終わりごろ、事務所として初めてのイソ弁（勤務弁護士のこと）を採用しました。そのころは弁護士の就職氷河期がまだ続いていて、就職に苦労する修習生も少なくなかったと思います。そういった状況をみて、事務所のコンセプトの一つである、人権活動に意欲を持っている若手弁護士の受け皿となるという内容が固まっていきました。経済的な心配なく人権活動できる基盤を、事務所として積極的につくっていこうということです。

●「弁護士業に囚われないこと」が信頼獲得に重要

――仕事や顧問の依頼がたくさん来たのはなぜでしょうか。

西川　弁護士がやるべきこと／やるべきではないことみたいな枠組みから離れて、依頼者の役に立つために何をすべきかを考えていたことが大きいのではないでしょうか。「普通の弁護士さんはそこまでやらないよ」と言われるようなことをやっていました。そういう暗黙のルールもまだあるのかもしれないのですが、そういう枠組みではなく、一社会の人間として、一人の法律を使える人間、弁護士として何が出来るか取り組んでみたから、ということなのかもしれません。たとえば顧問先から新しい依頼者を紹介してもらったら、こちらから会社に出向いて会いに行くとか、顧問先から「知人が警察に捕まった」と電話が入れば、たとえ夜の11時、12時でもすぐに行く。風営法の適用対象の飲食店といった業態でも、必要とされるのであればまずは取り組んでみる。今の弁護士法人・響も、いわゆる法律事務所的なことだけやるというのではなく、一般の会社がやっているようなことも採り入れ、当たり前のことを丁寧にやろう、という発想でやっています。

それと顧問先が増えたのは、NOON訴訟が大きかった。2017年に大阪・梅田にあるNOONというクラブが風営法違反で摘発され、オーナーや店長が逮捕された事件です。風営法のことで別の士業の先生に協力を求めるなかで、逆に色々な紹介も頂いたりしました。紹介を受ける中で、自分の名前で仕事をすることが大事なんだとも実感しました。

●皆で運動を広げ勝訴にこぎ着けたNOON訴訟

――NOON訴訟に関わるきっかけは？

西川　親戚の音楽家がクラブNOONに出演したりしていて、たまたま会ったときに、NOONが摘発されたことを知らされ、「こういうの何とかならへんのかな」と聞かれました。自分も昔行ったことのあるクラブで、音楽好きが集うところです。関西のクラブカルチャーシーンでは、リーダー的ポジションにあるといえる場でした。自分は当時、恥ずかしながら風営法関係の事件を扱ったことがなかったのですが、自分を育ててくれた場所の一つであるNOONがそんなことになっているのなら、なにか力にならなければと思いました。そこで、勾留中のオーナーに会いに行き、NOONを摘発するのは表現の自由に対する不当な侵害であるし、これは憲法問題だといった話をお互いにして意気投合し、一緒に闘いましょうということになったんです。ただ、後日聞いたところでは、オーナーはいきなりやってきた自分に対し、胡散臭い弁護士が来たなと思ったそうです（笑）。

当時の風営法では、設備を設けて客にダンスをさせて飲食をさせる営業は、風俗営業として許可が必要とされていました。NOON摘発理由は、クラブであるNOONもこの営業類型に当たるから許可が必要なのに、許可を取らずに営業していたからというもの。しかし、オーナー側の主張は、風俗営業といわれるようないかがわしいことはやっていないし、そもそも許可が必要な営業などではないというもの。自分も直感的に表現の自由に対する不当な侵害だと考えていましたが、それを聞いて、なんとか憲法違反の主張が組み立てられそうな気がしたのを覚えています。

もともと音楽が好きだったので、弁護士業でも音楽やそれを創り出すアーティストに関われる仕事をやってみたいと思っていました。そういった分野は、一般的には著作権関係の仕事が代表的だけど、どうしても東京が中心になってくるから難しいなと感じていました。でも、いま目の前に来たNOONの事件は、まさに音楽にかかわり、しかもそれを支えることにつながる仕事でした。ようやく巡り合えた事件だという気がしたし、自分はこの事件をやるために弁護士になったんじゃないかとすら思いました。

――最終的にオーナーは無罪になったんですね。

西川　時間はかかりましたが。弁護団にはいろんなメンバーが集まってくれました。青法協のメンバーも集まってくれましたが、そういったものと関係なく弁護士会の委員会活動などで一緒だった先生もいました。また、主力となってくれた刑事弁護の若手ホープといったメンバーも集まってくれて、その中には、のちにGPS裁判で無罪を取ったようなメンバーもいました。立証の方針や立証の材料を集めたりする必要がありましたが、彼らはとても頑張ってやってくれました。メンバーとは裁判に向けての対応と役割分担をしていました。裁判対応は弁護団のメンバーがやってくれて、自分は主に法改正を求める署名集めやそれを基に関係各所に働きかける活動といった法改正運動に注力しました。

裁判では表現の自由に焦点を当てました。ダンスをさせること、クラブで表現活動を行うことを不当に制約することは憲法違反だ、というのを主張の根幹としたのです。許可制という厳格な規制を正当化するだけの立法事実がないこと、すなわちそもそも規制を必要とするようなことは行われていないという議論です。

――風営法事件でそこまで闘った人はいないのでは。

西川　弁護団事件として、また裁判支援運動も含めて、ここまで大規模に取り組んだことはなかったのではないでしょうか。一般的に風営法にかかわる事件は、罰金を払って終わり、もしくは1回結審で執行猶予、というのが相場だと思います。行政手続に関する事件だし、罰金を払えば終わるからそもそも争わないのが普通。争ったところで勝ち目もないから、一般的にはそういった方針もいたしかたないと思います。裁判を始める前に無罪主張で闘おうと思っているという考えを先輩の先生方に相談しましたが、「そんなの無理に決まってるから、早めに認めて終わらせた方がいい」という意見の先生もいました。

あと、マスコミがここまで大きく取り上げてくれたことも、これまでなかったと思います。

――マスコミが取り上げてくれたのはなぜでしょうか。

西川　NOON訴訟や法改正運動については、プレスリリースなどを新聞各社や放送局にFAXした結果、関心のある記者が記事を書いてくれたり、番組で取り上げてくれました。今回の運動で実感したのは、マスコミ人の中にも、クラブ文化や音楽を愛する方は結構いるということ。そういう方々が本気になって取り上げてくれたんだと思います。記者が記事を書くこと、報道することとは、中立な無味無臭なものではないんだな、それを取り上げるか取り上げないかも含めて、彼らの強い思いのもとに成り立っているんだなと思ったし、そこにマスコミ人としての矜持を見た気がします。市バス過労死事件もMBSの記者がずっと取り上げてくれました。彼はこの事件で「自分は完全にご遺族の立場であり中立ではない」とご自身の本の中で書いていました。それに似たものをNOON訴訟、法改正運動のなかでも感じました。特に当時朝日新聞記者（現 BuzzFeed）の神庭亮介さんが熱心に取材を積み重ねてくれて、執筆なさった『ルポ風営法改正　踊れる国のつくりかた』（河出書房新社）は、よくまとまっているだけでなく、それぞれの立場にある当事者の主張を丁寧にすくい上げてくれています。もちろんNOON訴訟も。これこそがまっとうなマスコミ人としての姿勢だと感じました。

――無罪を勝ち取ったことをどう受け止めていますか。

西川　NOONのオーナーは金光さんという方ですが、ご自身の主張がはっきりしているし妥協しない人です。だからこそ訴訟や法改正運動でも彼を先頭に闘えたのだと思います。彼が前面に立って実名、顔出しでマスコミのインタビューを受けたり、ツイッターやフェイスブックといったSNS発信も積極的にしてくれたことは、訴訟や法改正運動を進めるうえで大きな力になりました。実際、そういうオーナーの姿勢があったからこそ、関西を中心にマスコミではこのダンス営業規制問題で頻繁に特集が組まれました。訴訟や運動が進むにつれて応援してくれる人が増える一方で、批判的な意見をぶつけられることも増えていき、なかには罵詈雑言みたいなものもありました。争わずにただ許可を取ればいい話じゃないか、許可を取らないのは単なるわがままだ、などといった、もはやバッシングといっていいものもありました。自分に対してもあったけれど、金光さん個人に対しては特にひどかった、彼が前面に立っていただけに。だから無罪判決が言い渡された瞬間は、本当に涙があふれてきました。その時に感じたのは、ようやく彼の汚名を晴らすことができた、名誉を挽回できた、ということ。自分たちがその責任を負っていると感じていたから、正直ホッとしたのもあります。彼がいたからこそあの裁判が成り立ったと思うし、彼じゃなかったらもたなかったと思います。本当に信念の人だといまも思っています。

――西川さんの懸命な姿が他の人からの信頼につながったのでは。

西川　そんなに美しい話ではないです（笑）。ただ、風営法という弁護士が手を差し伸べてこなかった分野で、あれだけのムーブメントになり、そこで若手の弁護士たちががんばってやっているというのは、少なからず信頼に繋がったのかもしれません。もちろん私の力などではなく、ムーブメントを大きくできたのは、やはりダンス営業を規制することが間違っているという主張が受け入れてもらいやすかったのではないでしょうか。ダンス営業規制はおかしいということで色んな方が協力してくれたし、彼らのおかげでたくさんの署名が集まった。さらに報道をし続けてくれたマスコミの皆さんや法改正に尽力してくださった議員の先生方もいて、そういうエネルギーがうまく一体になったのが大きいのではないかと思います。

第一審で無罪判決が出されてからほどなくして、絶対に法改正しないと言っていた警察庁が改正に動き始め、その後法改正がなされて、ダンス営業規制が撤廃されました。ある意味規制が強くなった部分もあるので法改正は道半ばではありますが。法改正運動を通じて、運動のメンバーから弁護士として頼りにしてもらいながら関われたことは、大きな喜びでした。弁護士にしかできない関わり方ができてよかったな、と思います。世界を変えることができた瞬間といえますが、あんな瞬間ほかになかなかない。検事や裁判官も良い仕事だと思いますが、人権活動をする上でこういう仕事というのは他では絶対に経験できないし、自分にとっては一番面白い仕事だと思います。

● 広告やマーケティングなど企業的手法で人権活動を支援したい

――人権型ロー・ファーム構想についてお聞きしたいです。

西川　人権活動を積極的に行う弁護士の在り方については、弁護士登録した直後から気になっていました。弁護士に登録したときは、青法協のご縁で、環境事件を積極的に行っている名古屋の籠橋隆明先生の事務所に入れてもらいました。登録した直後から、「愛知弁護士会でも就職先が決まっていない修習生が今年も○人いるから何とかして採用できないか」という話が聞こえてきたりして、そういった状況が何とかならないのかなと思っていたんです。

自分が独立した時も、修習生の就職難については課題だと強く感じていました。自分だけでいえば、その時点では顧問先もそこそこ頂いていたし、自分が生活していくだけならこれで大丈夫かなという感じでした。ただ、それでいいのか、と。自分が独り立ちできるまでに力を付けてもらえたのは、青法協や籠橋先生はじめ、色々な先生方に教えてもらったから、いわばこの法曹界に育ててもらったから。そうであれば、自分もこの法曹界に何らかの形で恩返しをする必要があるんじゃないか、と。

そこで自分にできることはなんだろうと考えた時に、意欲ある若手の受け皿となり、若手が活躍できるフィールドをつくることが、この世界への恩返しになるんじゃないか、と考えました。ちょうどそのころに紹介してもらった㈱スタイル・エッジの社長からインターネット展開の話をいただいていたところ、「インターネットを駆使すれば若手弁護士を支える経営基盤を作ることができるのではないか」と感じて、人権型ロー・ファーム構想に近いことを考え始め、構想が固まっていきました（※㈱スタイル・エッジ＝士業・師業に特化したハンズオン型総合コンサルティングを展開）。

また、同時に、ダンス営業規制の法改正運動をしていたころ、国会議員の先生と会って頂ける機会が多く、しかもそれが法改正運動の重要な要素だったので、今後世の中を動かすときにはやはり東京に拠点を構えないといけないなという実感もありました。そういったことにスタイル・エッジの社長が共感してくれて、お付き合いを始めさせていただいたのです。

とはいえ、当時メディアに出てはいましたが、自分の顔を使ってネットで広告するということに抵抗感がなかったといえば嘘になります（笑）。ですが、法曹界への恩返しとして若手の受け皿となる事務所を作り上げていくため、自分が前に出る必要があるならばやるしかないなと思いました。

――広告を出すことで十分な仕事量が来て、若手が仕事と人権活動を両立できる、と。

西川　そうですね。ちょうど弁護士業界のトレンドも動いていました。債務整理系の新興事務所が宣伝広告で集客する一方、弁護士会の法律相談への相談数が減っているという話も聞きま

とある平日のスケジュール	(時)	とある休日のスケジュール
	0	
｜	1	｜
｜	2	｜
｜	3	｜
｜	4	｜
起床　所内の報告確認や決済、指示など	5	起床
｜	6	経営者仲間とのゴルフへ
ゴルフ朝練	7	｜
オフィスに出発	8	｜
｜	9	｜
来客対応、所内打合せなど	10	｜
｜	11	｜
ランチ	12	｜
所内弁護士ミーティング	13	｜
｜	14	｜
週刊誌取材	15	｜
｜	16	｜
修習生採用面接	17	｜
弁護士会関係会合	18	ゴルフから戻って懇親会
｜	19	｜
｜	20	｜
翌日の出演番組打合せ	21	｜
夕食	22	帰宅
｜	23	就寝
就寝	24	｜
この時期、話題となった刑事事件があったため、週刊誌取材だけでなく、ほかにも新聞数社からコメント取材を受け、充実した一日でした。		ゴルフは上手くはありませんが、自分とのたたかいというところが気に入っています。この日は、経営者仲間らと一日ゴルフを楽しみ、リフレッシュできました。

す。すでに事件の流入の仕方が変わってきているのかもしれない。そうであれば、われわれのような人権活動をやろうとしている弁護士も、そのマーケットに積極的に乗り出していって活動していくのも大事だと思います。一度マーケットができてしまっている以上、それは人権活動をやりたい弁護士にとっても大事なことじゃないかな、と。

――事務所が強みとして打ち出した分野は?

西川　交通事故と債務整理です。リスティング広告などインターネットを使った集客で事件が流入していますが、しかし同じやり方でいつまで通用するかということもあります。大事なのは変化し続けることです。

――人権型ロー・ファーム構想と広告を始めたのは同時ですか。

西川　広告を打ち始めたときに人権型ロー・ファーム構想を整理できていたわけではないのですが、弁護士が人権活動をやるための経済基盤を作りたいというイメージは持っていました。もともと人権型ロー・ファーム構想は、今の事務所の特別顧問をしている大川原栄先生が過去に提唱されていたものです。

――広告を始めてから反響はどうですか。

西川　爆発的に変わりました。広告の効果はとても大きいです。問い合わせと事件は本当にたくさん来ます。それをどう処理するか、対応していくかを考えて体制を組み立てています。今の事務所の規模感をこのまま維持していこうとは思っていなくて、たとえば支店展開についても全国にもっと増やしていきたい。そのために取り扱い案件数をさらに増やしていければと思います。多くの人の役に立ちたいので、海外での人権活動を支えるような機能を持った支店もつくっていきたいです。ソフト面でももっと多様な弁護士が必要だし、それぞれの専門分野があるので、そういった分野を担える弁護士を育成し輩出できる力も付けていきたい。そういうことを考えると、やはりまだまだマンパワーが足りないと思います。

もちろん、いろんな理由で事務所を卒業していく弁護士もいます。基幹業務をこなしつつ、それ以外の社会的活動などとどうバランスをとるか、試行錯誤しています。新規登録で初めて規模感をもって採用できたのは68期。彼らは事務所で仕事を始めて丸4年になるので、そこを起点に基盤は整いつつあると考えています。今後も試行錯誤を続けながら、目指すべきところに一歩一歩近づいていきたいですね。

――人権活動をしてもらうための時間を確保する制度などを設けているのですか。

西川　基幹業務をしっかりやる中で、各自なりのバランスを取ってもらうのが一番なのかなと思っています。弁護士である以上、与えられた仕事をどうこなすかの裁量があるので、その裁量の中でバランスをつかんでいってほしいし、それが可能な体制をつくっていきたいと考え、努力しています。

――弁護士を志す学生へのアドバイスをお願いします。

西川　旗を高く掲げている人のもとには人が集まってくるというのが持論です。自分の希望とか理想とかやりたいことを自らの旗として高く掲げていれば、結果まで付いてくるかわからないですが、少なくとも人は付いてくる。苦労をすることはあるでしょうが、やろうと思ったことや正しいと思ったことをしっかりと掲げ続けることは大事だと思います。それを続けることこそが、社会を変える力になるのではないでしょうか。

――ご自身が事務所の若手に特に力を入れて教えていることは何ですか。

西川　しっかりクライアントに寄り添うこと、最後まで諦めずに闘うことです。寄り添うということの中身は色々あると思いますが、クライアントのニーズに対して「法律ではできない」とか「弁護士は普通そんなことできない」とかではなく、可能な限り応える努力をする。そして、クライアントのニーズの奥にある気持ちを少しでも理解しようとすることが大事です。

過去の自分の失敗経験ですが、ある時、大阪の顧問先の企業に「東京での裁判に行ってほしい」と要請されました。自分は当時大阪にいたので、東京まで行くとなると交通費や日当がかかるため、顧問先にとっての最善と思って「知り合いの弁護士を紹介します」と回答したところ、顧問契約を解除されてしまいました。後日、その会社の担当者と会ったときにどうして解除になったのかを尋ねたところ、「自社にとって大事な裁判だったので、お金はかかってもかまわないので、ぜひ西川先生にやってほしかった」ということを言われました。そのニーズを汲み取れていなかったのは、大きな失敗だったなと思いました。こちらからしたら合理的だと思える判断が、本当にクライアントの真のニーズ、気持ちに寄り添えているのか、というのはしっかり考えなければいけない。法律家は合理的な結論に持っていくことがよくありますが、本当の意味で依頼者のニーズに噛み合っているのか考え続ける必要があるのです。

無茶なオーダーを出してくる人もいますが、それを無下に断るのではなく、何かできるんじゃないかと常に考える姿勢も大事です。法律の素人の方には「(事件の相場としては)こんなもんですよ」と説明すれば、それなりに納得を得られるかもしれないのですが、それでは依頼者の権利を実現することにならないし、弁護士の力量もついていかない。最後まで諦めずやりきる姿勢があってこそ、依頼者の権利も実現できるし、弁護士の力もついてくる。これは憲法訴訟でも同じで、そういった姿勢が結果に影響してくる。一見解決できない、救済できなさそうな話として転がっていたとしても、そういうことをしっかり汲み取った上で法律や憲法の枠組みに当てはめたり、依頼者の主張に寄り添ったりする。一見困難に見えても、実現に向けて諦めず闘い続けることは、社会を動かす訴訟をやる時に必要なスピリッツです。同時に、普段の事件でもそういうことを考えてやって欲しいなと思います。

――人権型ロー・ファーム構想をやってみて、現時点での自己評価をお願いします。

西川　課題はまだまだあるし、その内容は様々です。今年で7期目。ロー・ファームという体制をつくり、多くの依頼を受けてきたからこそ、多くの方々の事件解決に役立つことができました。いま弁護士は20人規模ですが、毎年4、5人程度採用しています。若手の受け皿としての機能を微力ながらも果たしている点は、この間の成果の一つなのかな、と思います。

事務所の若い弁護士たちが弁護団事件や委員会で活躍し始めてくれていますが、彼らがそういう面でもしっかり成長して一人前として認知されるために、事務所としてどうアシストできるかも、一つの課題です。将来的には人権活動部門をきちんと整備して、社会的ムーブメントを作っていくところからサポートできるようになれないか、と考えています。マーケティング手法には、民間企業の経営に資する様々なものがありますが、若手弁護士が社会的ムーブメントを作る際にそれを応用して、応援できないか、とか。プロモーションの仕方や集団の組織の仕方、マネジメントの仕方について、今はみなが知恵を持ち寄って、いわば手作りでやっているところが多いのではないかと思いますが、そこにプロフェッショナルな視点を導入して、ちがった次元で展開できないか、と。

社会的な訴訟の場合、相手となる大企業は、資金を投入し、さまざまな手段をつかって全力で闘ってきます。これを圧倒するムーブメントを作っていく一つの手段として、プロの手法を導入していくことも有益なのではないかと思っています。

西川弁護士の10問10答

1	好きな音楽は？	ソウル、ジャズ、ボサノヴァとクラブジャズ。自分にとっての神は、マーヴィン・ゲイ、マイルス・デイヴィス、ジョアン・ジルベルト、そしてKJMの沖野修也・沖野好洋兄弟。
2	好きな映画は？	「ライフイズビューティフル」。人間として大事なものが詰まっている気がします。でも、「ブレードランナー」も大好きです。
3	弁護士にならなかったら何になっていた？	どのような分野であれ、世界を変える仕事に就いていたと思います。
4	好きな動物は？	オオカミ。美しい生き物であり、チームで勝利するところが好きです。
5	好きな四字熟語は？	起死回生。自分の人生と同じで、この世に巻き返せないことはないと思います。
6	座右の銘は？	未来を信じ、未来に生きる。常に未来を向いて生きていたいですね。
7	好きな食べ物は？	とんかつとハイボール。身体に後ろめたいところが好きです。
8	自分の前世はなんだと思う？	ナマケモノ。なので、現世ではがんばろうと思います（笑）。
9	好きな本は？	手塚治虫先生の『ブラックジャック』。人間の本質をえぐり出している名作。
10	好きな歴史上の人物は？	チェ・ゲバラ。もし生まれ変われるなら、あのように生きてみたいです。

弁護士を目指すあなたへ

一度きりの人生で、人を救い、
世界を変えてみたいなら、
弁護士はもっともやりがいのある仕事の
ひとつだと思う。
これほどいい仕事はないと、この本に
載っている我々は、みんな本気で
思っている。
これを読んでくれている未来のあなたが、
弁護士として、我々と一緒に、泣き、
笑い、楽しんでくれることを、
心待ちにしています。

弁護士　西川研一

コラム③

司法修習

杏花は蒼太の腕を掴むと、重たいドアを開け、階段を駆け上がった。景色が急に明るくなる。

まだ弱まりを見せない9月下旬の日差しの下、蒼太は不思議そうな顔で杏花を見つめる。

「杏花、どうしたの？　クラブは好きじゃない？」

先刻まで2人がいたのは、DJが大音量の音楽を流し続ける地下1階のクラブだった。

「そういうわけじゃないんだけど、クラブだと音がうるさくて話せないじゃない？」

「そんなことないよ。耳元に口を近づけてくれれば十分聞こえるよ」

「それだと蒼太には聞こえるかもしれないけど、読者には聞こえないかもしれないじゃない？」

「うーん、そんなメタいこと言われても僕にはよく分からないけど」

「それに蒼太、浮かれ過ぎよ」

「別に浮かれてなんかないよ」

「昼間からクラブだなんて、浮かれた人間にしかできない所業よ」

「浮かれて何が悪いんだ!!」

　蒼太が開き直る。

「だって、俺ら、無事司法試験に受かったんだぜ!!　いつ浮かれるの？　今でしょ!!」

「古いわ。それに司法試験に受かったからってすぐに弁護士になれるわけじゃないのよ」

「何!?　そんなの聞いてない!!　司法試験という奴はまだ変身を残しているというのか!?」

「きっと大音量の音楽で頭がおかしくなっちゃったのね。仕方ないから教えてあげるわ。司法試験を受かった後には、１年間の司法修習があるの」

「それくらい知ってるよ。トクホのお茶を飲むと抑えられるやつだろ」

「それは脂肪吸収ね。司法修習は、法曹三者になる前の研修よ。司法修習は、大きく分けて、導入修習、実務修習（選択修習）、集合修習の３つのフェーズに分けられるわ。このうち導入修習と集合修習は主に座学と起案試験で、埼玉県和光市にある司法研修所という施設で行われるの」

「は？　司法試験に合格したんだから、これ以上学ぶことなくない？」

「残念ながらたくさんあるわ。司法試験で得られる知識はもちろん大切なんだけど、それだけでは実務では通用しないのよ。さらに、実務でやっていくために一番大切なのが実務修習よ。実務修習は、各司法修習生が47都道府県のいずれかに配属されて弁護修習、検察修習、刑事裁判修習、民事裁判修習をそれぞれ約2か月ずつ行うの。これは座学ではなく、実務体験ね。実際の事件に触れて、実際に法律文書を作成したり、当事者と話したりするわ」

「なんか気が重くなってきたな……」

蒼太はガックリと肩を落とす。

「そんなにナーバスにならなくて大丈夫よ。司法修習の1年間は、多くの修習生にとって人生でもっとも自由で楽しい期間なんだから。一生に一度しかできないような経験もたくさんできるし、友達もたくさんできるし」

「それを先に言ってくれよ。よっしゃ、今日は一日中踊り明かすぞ！」

蒼太は鼻歌を歌いながら、地下への階段をまた降りて行った。

「蒼太、ちょっと待って」

杏花の引き留めは間に合わず、バタンとドアが閉まる音がした。

「司法修習の最後には、2回試験という、合格率は9割を超えているけど司法試験並みにハードな試験があって、その試験に合格しないと法曹三者にはなれないのよ、って言いたかったんだけど……まあいいか」

コラム担当：久保木太一

倉重都

くらしげ・みやこ

新潟県長岡市出身
新潟県立長岡高校卒業
関東学院大学法学部卒業
バイエル薬品株式会社勤務後、青山学院大学
法務研究科修了
弁護士登録２０１８年（司法修習期71期）
あかしあ法律事務所

――なぜ会社員から弁護士になったのですか。

倉重　製薬メーカーの営業をやっていました。大学は法学部でしたが、卒業したてのころは「六法」の六つの法律も全部言えないくらいで、弁護士という職業に興味はあったものの、それを目指した勉強は一切していませんでした。ただ、卒業後数年経って、弁護士になりたい気持ちが強く生まれました。サラリーマンはその会社の利益のためだけに働く存在で、営業はまさに鵜飼いの鵜です。首にナワをかけられ放されて獲物を獲ってきて、飼い主から給料という餌を与えられる。会社にある消しゴムなどの備品と同じように、人という備品に過ぎません。

会社の利益のために備品があり、同じように人がいる。「人財」などと綺麗事を言っても、実際はこれらは会社においてすべて同列です。いらなきゃ捨てたり変えたりすればいいだけ。日々ノルマがあり、達成したら次のノルマがある。食べていくために嫌でもやらなきゃいけない。理不尽な上司や取引先にも機嫌を損ねないようにへらへらと笑っていないといけない。製薬メーカーだったので相手は医師が多いですが、大変でした。

「会社員」という立場の「社会人」というものに激しい違和感があって、会社員の存在に根本からの疑問を感じ続けました。人は、生まれてきて、小学校中学校で学び、さらに高等教育も受け、その先、なにゆえ「会社員」を目指したり、働く＝「会社の従業員になる」のだろうかと。会社員は株主の利益のための消耗品・備品にすぎないというのが、私の結論です。一刻も早く、消耗品・備品の立場から脱したかったですね。

ただ、それでも会社員は続けていました。その後ＭＲ（営業マン）として勤務していた製薬メーカーの所属事業部が事業撤退をすることになり、その時、まとまった退職金が得られる話が出ました。いま退職したら退職金を貰えるのでロースクール費用がまかなえるし、何より勉強する時間が出来る。降って湧いた大きなチャンスだと思って、迷いもせず会社を辞めました。それが30代半ばくらいです。法学部出身ですがロースクールに入って初めて勉強した感じですね。

２０１７年に合格し、２０１８年に弁護士登録しました。弁護士になってはじめての仕事は、お金を貸した側によるマンションの仮差押えの仕事。裁判所に提出する仮差押えの書面を書いたのが、はじめての仕事でした。

●自分が正しいと思うことをできるようになった解放感

——弁護士になってみていかがですか。

倉重　大きな違いは一つの企業の利益のために働くことがないということ。だから私からすれば、わざわざ弁護士になった人が企業内弁護士になるのが分からない、というのが正直なところです。弁護士は広く人のために働くことができる。もちろん依頼者を基軸とすれば依頼者の利益のために働くことにはなりますが、携わる仕事の幅広さを思えばニュートラルであると感じます。企業に勤めていた頃は、常に取引先や会社の上層部に弱みを握られているように感じていました。自分がミスをするとこの会社との取引を止めるぞ、クビにするぞと言われるんじゃないかというプレッシャーがあったのです。そういう意味で誰に対してもこびへつらって仕事をしていたし、歩いていても息が抜けなかった。自分の信念に反することをニコニコして率先してやることなんて日常茶飯事でした。今は自分が正しいと思うことをやれるし、正しくないと思うならやらないことができるからそれがいいですね。だいぶ楽になりました。

もちろん弁護士としては初心者なので、例えて言うなら、慣れれば30分もかからずに完成するカレーのような料理を、私はニンジンの切り方やルーの溶かし方などを立ち止まっていちいち本で調べ、丸1日かけて作っている状態です。ベテランが30分で済む仕事が1日かかります。

――子宮頸がんワクチン訴訟について聞かせてください。

倉重　製薬メーカー出身ということもあり、製薬会社と医療側の癒着は肌で体験してきたし、薬害そのものと製薬マネーというテーマに前から興味がありました。末端ではあったものの、製薬会社の内部のことは知っています。なので新人弁護士向けに色々な弁護団からお誘いがある中で、すんなりと入りました。

ただ、知れば知るほどとても難しい裁判です。製薬会社側は国会議員などに働きかけ、自分達に利益になる方向に政治を動かそうとします。また、科学的専門用語が躍っているため理解が容易ではなく、準備書面等の作成が難しい。弁護団のメンバーはとても勉強しているし、元薬剤師の弁護士や薬害訴訟で経験のある弁護士だらけで、とても勉強になります。

いま弁護団は東京だけでも30～40人の弁護士がいて、サリドマイドや薬害エイズなど昔の事件から薬害に関わっているベテランの弁護士もいます。私からすれば、こんなこと到底できないと思うようなことをやってのける方が沢山います。たくさんの金と研究者を抱えワクチンを作ったメーカー側とは圧倒的な情報格差がありますが、彼らに法律しか勉強したことがない弁護士たちが対峙しているのです。その苦境の中で闘ってきた人はすごいと思います。

――裁判の状況はどうですか。

倉重　今までの薬害訴訟の中で最も難しいと言われています。なぜならば今までの薬害エイズやサリドマイドは、この薬を使ったことでこうなったという因果関係には争いはなく、その因果関係を前提とした上で、国や製薬会社に責任があるかないかという争いでした。今回は因果関係があるかないかでまず争っているので、前提から争っている状況です。今回の訴訟は製薬会社側がワクチンと原告らに起きている様々な症状との因果関係を否定し、「あなたたちの症状は精神的なことが原因だろう」と主張しています。今までで一番難しい薬害訴訟になると思うし、まだ2、3年は続くでしょう。因果関係を積極的に解明しようとしてくれる医師は少なく、むしろ「因果関係がない」と主張する医師の方が多くて、日本医師会もそうです。

――弁護団の中での役割はどのようなものですか。

倉重　どのように法律的な主張を構成するかを担当する法的構成班と、原告さんたちをケアするサポート班、薬が本当に有効性があったのかを調べる有効性班、薬の危険性を調べる危険性班があり、私は危険性班にいます。たとえば、被害のカルテを集めて被害者がどういう被害を訴えているのかを精査するのですが、カルテが山のようにあって、ファイルの厚さでいうと20センチくらいある人もいる。医師も読みやすく書いているわけではないので、解読は困難です。読めるものから読んで、ワクチンを打った後にこういう被害が出ている、ということを集め、たくさんの患者さんに共通している症状、発生時期を文書にまとめています。

――医学部女性受験者差別の訴訟について教えてください。

倉重　自分が司法修習生だった夏に事件が発覚し、すぐさまこの弁護団に関わりたいと思いました。私の一丁目一番地が社会的な女性差別の問題なので、これをやらずして何をやるという感じでした。これほどわかりやすい差別はないです。

――ご自身は弁護団の中でどういう役割を担っているのですか。

倉重　今、東京医科大学への訴訟と、順天堂大学への訴訟の2つの訴訟をやっていますが、順天堂大学訴訟の事務局を私が担当しています。大学は女性受験生を不利に扱った事実は認めていますが、不利に扱ったことで個別の各受験生に損害が発生したことは認めてない。そもそも女性を不利に扱ったことが不法行為にあたるということも否定しています。現在、聖マリアンナ医科大学への訴訟提起も検討中で、この本が出版される頃には提訴していると思われます。

3月8日の「世界女性デー」でのウィメンズマーチの集会で医学部入試の女性差別について講演する倉重弁護士

――どういう主張をしているのですか。

倉重　不法行為による損害賠償請求というカテゴリーです。最初から女性を差別するつもりだったのに、まるで差別しないかのように装って受験生を募り、何も知らない受験生を受験させ、予定通り差別的な取り扱いをしたことを、大学側の不法行為だと主張しています。企業でもこうした問題はあるかもしれないですが、公正公平であるはずの教育機関の大学入試での点数操作というのは許せません。ドラえもんに登場するしずかちゃんと出来杉君が2人とも同じテストを受けて同じ点数を取ったのに、女性という理由だけでしずかちゃんだけマイナス10点にされてしまったということを想像してみて欲しいです。

——事務所での仕事はどんなものが多いですか。

倉重 私の事務所は相続などのほか、建物明け渡しや離婚やDV案件が多いですね。来たものは基本的に何でもやります。

夫側から一日に何度も事務所へ脅しの電話がかかってきたことも

——印象深いものはどんな案件ですか。

倉重 たとえば離婚事件で、対応をしながら、依頼者はなぜこんなDV男と結婚してしまったんだろうと思うことがよくあります。DV被害者への対応は気を遣います。たとえば事務所に夫から妻宛の荷物が佐川急便で来た場合、別居している妻への転送には配送業者を変えて、事務所からヤマト運輸で妻に送ったりします。夫の追跡防止のためです。夫からの荷物は全部中身を開けてチェックします。荷物の中に入っているGPSで妻の居場所をつきとめようとする執拗な夫が多いのです。離婚調停中、裁判所前で妻が夫に刺殺された事件からも分かる通り、執着は本当にもの凄い。事務所に妻が来ないか見張っている夫もいるので、打ち合わせを事務所ではなく、他の場所でやったりと工夫しています。

特に妻が専業主婦だと大変です。経済的にすぐに別居ができない。専業主婦は夫に生活を質に取られて、理不尽なことに耐えるしかなくなっているのです。これは生活を質にとられて理不尽な仕事をしなくてはならない会社員と全く同じ構造です。他方、まだ別居前の場合は、事務所に相談に来ても、帰る際「ああ今日もあの家に帰らなきゃ……」となる。本人のつらい気持ちが伝わってきます。

▶▶▶ 倉重弁護士ってこんな人

お酒好き。それが、私が修習中にいだいた倉重さんに対する第一印象だ。弁護士登録後も、色々な場で同席させて頂いているが、お酒好きという第一印象の輝きは、今もって全く色褪せることはない。親しくさせて頂く中で、私が感じた倉重さんの最大の魅力は、なんといってもその人間力の高さである。「人間力ってなんですか。抽象的な言い方でごまかさないでくださいよ」という倉重さんのお言葉が聞こえてくる気がするので、倉重さんの持つ人間力について、若干補足したい。

まず、謙虚である。誰と話すときも、決して偉ぶることはない。会話をしていて、相手を不愉快にさせることがない。次に、聞き上手である。誰と話すときも、その人の話に対し、興味を持ち、掘り下げることが得意である。最後に、優しい。困ってる人がいたら手を差し伸べずにはいられない、頼られたら断れない性格である。

上記3点をもって、倉重さんの人間力の高さは説明できたと思う。その人間力の高さからすれば、倉重さんにとって、弁護士という職業はまさに天職といえるだろう。

しかし、振り返ってみると、私が存じ上げている倉重さんは、酒席での倉重さんだった。お酒の入っていない倉重さんは、きっともっと人間力が高いに違いない。

（中村裕）

シェルター等に入るタイミングも夫に悟られないようにしなければいけないし、パートなどをしていた場合、仕事も辞めなければいけなくなる。子どもも保育園や小学校を変更しなくてはならなくなる。夫から身を隠すのはとても大変で、自分のすべてをいったん消さなければなりません。妻の実家の人にも居場所を知らせることができません、妻の実家のご家族に「教えろ」と詰め寄る夫もいるから。実際に私の依頼者の夫も、500キロ離れている県の実家までわざわざ妻の居場所を聞き出しに行きました。夫の仕事の性質上、その県に仕事なんてないのに、妻の実家の母親に「仕事のついでに来た」とウソを言って詰め寄ったのです。まず夫から逃げて、生活の無事と身の安全を確保してから離婚手続です。

――夫側からの事務所への接触はありますか。

倉重　うちの事務所には夫側からよく電話がかかってきます。「子どもに会わせろや！」と怒鳴り声の留守電が入ってたりしますね。夫からすれば、ある日突然家に帰ったら妻も子どももいない、ある日通知が届き、連絡先として書いてあったのは法律事務所だけ、という状況だからです。同じ人から一日に何度も電話があることもあります。夫は何とかして妻を自分の元に戻そう戻そうとすごく執着しています。

――女性だけの弁護士事務所で、ＤＶ夫から電話などが来るのは怖くないですか。

倉重　怖いですよ。夫側に事務所の所在地を知られているので、事務所のインターホンが鳴っても、すぐには扉を開けません。先輩弁護士は、駅周辺で依頼者の夫からぴたっと隣にくっついてこられたり、殴られたり、夫につけ回されたこともあるといいます。

――警察を呼んだことは？

倉重　私はそこまでのことはないですね。そういうＤＶをする夫はけっこう慇懃無礼というか、第三者が見ている前ではとても丁寧で礼儀正しかったりするんです。妻から聞くと酷いＤＶをしているのに、です。夫の職場の人は、この人が裏でＤＶしているなんて想像できないでしょう、表の顔と裏の顔が全然違うから。笑い話ですが、私がプライベートでお会いするご夫婦を見ると、この夫は家でＤＶしているんじゃないか？　とか疑って見てしまう。それくらい私の周りはＤＶ男で溢れているし、弁護士の男性に対してもそう思います。この弁護士は、実は裏で妻にＤＶしているかもしれないとか（笑）。

――弁護士２年目となり、最近新たに経験したことは？

倉重　ＤＶの事件で接近禁止命令を取りました。夫に、妻と子どもに近づくなという命令です。保護命令は申し立てても却下されることが結構あるようですが、獲得できて良かったです。そして、この事件は夫側が即時抗告してきましたが、これも、高裁に反論書面を出した翌日に夫側の即時抗告が却下され、とても嬉しかったです。

――保護命令はなぜ却下されることが多いのでしょうか。

倉重　保護命令が認められるには、今まで暴行を受けたこと、これからも受ける可能性が高いことが必要です。今後の暴行の可能性をうまく説明できないと認められないのかもしれないですね。自分の妻と子に近づいてはいけないという命令は、夫に対する重大な人権侵害になるので、よほどのことがないと認められず、却下されてしまうのではないでしょうか。

――養育費の問題はどう解決するのですか。

倉重　調停調書を得て月々いくら払いますよと約束したら判決と同じ効力があるので、払わなかったら夫の給料、資産を差し押さえることができます。口約束だけで決められた養育費は、ちゃんと払われている人の方がすごく少ない。約束したにもかかわらず、大半の夫は払っていないですね。そういう問題をなんとかしないといけない。弁護士に相談が来るのは氷山の一角で、弁護士に辿り着く人は本当に少数派です。弁護士費用を心配する人が多いのですが、一定の要件を満たしていれば法テラスを使えるので、費用を気にせず相談して欲しいですね。不払いの場合は裁判所に弁護士が差押えの申立てをして裁判所が夫の会社給料を差し押えますが、これも弁護士がいないとつらい。養育費は子が成人するまでとても長い期間の問題なので、泣き寝入りはもったいないです。

――もっと弁護士に相談して欲しい、と思う人たちは他にいますか。

倉重　離婚したくてもできない人ですね。専業主婦だとお金が無いから離婚できない、と思い込んでいる人が多い。しかし行政の保護もあるし、やっていけるものです。早く弁護士に相談して、どういうことができるのか情報だけでも得て欲しい。たとえば、親権で揉めると思うので今はこういうことに気をつけた方がいいよとか、早めのアドバイスができます。無職の専業主婦だと、自分が親権を持ったらこの子を育てられないんじゃないかと思ったりすると思いますが、実際はそんなことありません。法テラスは弁護士に嫌われていますが、うちの事務所は法テラス案件がとても多い。法テラスをこんなに使っている事務所はほかにないんじゃないかと思います。専業主婦の女性側が多いので必然的にそうなるんです。報酬は普通に事件を受ける3分の1くらいですが、これは法テラスの基準が悪い。妻側は結婚して子どもを産んだと同時に仕事を奪われてお金がない状態になることがあるので、法テラスを活用してほしいですね。

――法テラス案件が増えると生活としてはきついのでは。

倉重　きついですね、一件一件にかかる時間は変わらないから。そこはまだカバーの方法わからないし、流されるままにやっているのかもしれません。5年後は言っていることが違うかもしれないですね、たとえば法テラスは絶対に使わせないと言っているかもしれないです（笑）。

――弁護士業界を俯瞰してどうですか。

倉重　大手が活躍していますよね。いわゆる大手四大事務所が毎年新人を30、40人以上ごっそり採用する。もちろん辞める人も大量にいるのでしょう。ここの事務所は、良いと噂を聞いて事務所訪問をしてみて穏やかな印象を受けました。人から良い事務所だという噂を聞かなかったら来ていなかったので、巡り合わせだと思います。

企業法務をやっている弁護士は儲かります。現段階でも同期との報酬は倍くらい違うかもしれない。ただ私は、基本的には、強い者の味方はしたくない、弱い者側につきたい、というのがあります。弱い者はものが言えない、お金が無く黙らされていることが多いからです。

ただ、自分も食べていかないといけないので悩ましいです。弁護士になりたてということもありますが、会社員でいた時の方が報酬は多かったです。まだどうすればいいかアイデアはないですね。ホームページを充実させるべきなのか、弁護士ドットコムなどと契約すべきなのか。一般論で言えば、たとえばCMでよくある「相談無料」などの魅力的な勧誘文句を並べたほうが、依頼者は来るのかと思います。現状として、弁護士はまだまだ一般の人から見たら遠く、相談に来るのは相当シリアスな状況になってから。弁護士の数はこれほど多いのに、この間も居酒屋で隣のテーブルに座っていた人に「弁護士を初めて見た」と言われて驚きました。

——女性の社会的差別に興味を持ったきっかけは。

倉重　自分が物心つくころから常に疑問があった課題です。私は弟がいますが、家事的な手伝いを親は私にはやれと言うのに、弟にはしなくていいと言う。物心ついたときからこの状況がおかしいと思っていました。そういうことの積み重ねが弁護士になろうと思ったきっかけかもしれないです。夫婦間で「家事を手伝う」という言葉が使われるのも気になります。夫婦平等であるはずなのに、夫が「手伝う」というのはおかしい。じゃあ女性も家事を「手伝う」という言葉を使ってもおかしくないはずです。

現在の民法の夫婦同姓強制制度はすぐに変えるべきです。つい勘違いされがちですが、現在世間で議論されているのは、現在の夫婦同姓強制制度を変更して夫婦別姓同姓選択制度にしよ

とある平日のスケジュール	(時)	とある休日のスケジュール
帰宅	0	帰宅
家事等	1	家事等
就寝	2	就寝
│	3	│
│	4	│
│	5	│
│	6	│
起床	7	│
準備・家事等	8	起床
電車で裁判所へ	9	食事・家事等
東京地裁で建物明渡事件の期日	10	電車で事務所へ
東京地裁で医学部入試女性差別事件（弁護団事件）の期日	11	雑務処理
引き続き裁判所内で弁護団会議	12	│
事務所で昼食	13	調べものと起案
事務所で離婚事件の依頼者との打ち合わせ	14	│
│	15	│
事務所で養育費請求事件の依頼者との打ち合わせ	16	│
区役所での定例法律相談	17	│
│	18	│
事務所で夕食	19	帰路へ
雑務処理	20	自宅でタコ焼きパーティー
│	21	│
起案	22	│
帰路へ	23	家事等
│	24	│
この日は、自宅から裁判所に直行で、期日が２つありました。夜は雑務処理に時間がかかってしまい、予定していた起案が進みませんでしたが翌日に持ち越すことにし諦めて帰宅しました。		休日は事務所が静かで電話もないので、平日より集中して起案ができます。起案の提出が差し迫っていない休日があったら、一日事務所に行かずに朝から海などに行って遊んでおります。

う、というものにすぎません。みんなで夫婦別姓にしようと言っているのではなく、別姓同姓自由に選択できるようにしようと言っているだけなんです。本来なら夫婦同姓別姓選択制度があるべき姿ではありますが、百歩譲って、「家族の絆」とか言ってどうしても夫婦同姓にこだわりたいなら、どちらかの姓を選ぶのではなく、公平に、第3の全く新しい姓にすべき。そうすると、「嫁に行く」とか「婿に入る」とか、そういう勘違いもなくなる。2020年になっても、姓を変える側が姓を変えない側の「家」に入るなどという勘違いが未だに横行している。まずその勘違いをやめようと言いたいです。第3の姓にすれば勘違いしなくなるだろうし、その方が実態に合致しています。たとえば、田中さんと鈴木さんが結婚したら、2人とも高橋さんと名乗ればよい。公平だし、「家族の絆」とやらも文句ないでしょう。これで文句が出るなら、やはりそれは家父長制を維持したいためだけに夫婦同姓強制制度の維持を主張していて、「家族の絆」などという理由は、家父長制維持の隠れ蓑にすぎないことが明らかになります。

私自身は本来は婚姻制度自体に反対です。人は生き方を国に管理、強制される必要はない、戸籍もいらないだろうと思っています。婚姻制度は国家の人に対する管理の最たるもの。なのに共産党だって当たり前のように婚姻制度を受け入れてしまっている。同性婚の問題にも共通する話ですが、結婚という制度を使える人、使わない人、使えない人で格差が生まれ、差別がある。配偶者控除とか、あらゆる民間サービスに浸透している「夫婦割引」や「家族割引」。こうした差別の発端は国が管理している婚姻制度のせいで、おかしいという感覚を幼少期から感じていました。夫婦別姓について言えば、この前テレビで男性アナウンサーの国山ハセンが結婚を発表した時に、共演者に「姓はどうするの？」と聞かれて「僕は惚れた女は自分の姓にすると決めてますから」と言っていました。所有意思、支配意思がナチュラルに表れている言葉です。

国民総背番号制やマイナンバー制度は国民を管理すると言われますが、結婚はマイナンバー制度よりもずっと国民を管理しています。結婚は物理的にも精神的にも人を支配するもので、社会的な差別につながるわけではないマイナンバー制度のほうがよっぽどましです。住民票に記載されている「世帯主」も、家族の長を国に決められ、物理的にも精神的にも家長を生んでしまう制度です。新型コロナウィルスの給付金10万円でもその弊害が明らかになりました。国民一人ひとりの10万円なのに、「受給権者」を世帯主と決められ、世帯主から各世帯員に配布される構図になっています。

――夫婦同姓違憲訴訟の弁護団がありますが。

倉重　戸籍の「筆頭者」を決めることでその籍のトップみたいな勘違いを生んでしまう戸籍制度は、ナチュラルな差別を生んでいます。夫婦別姓への抵抗は政治が絡んでいます。自民党は夫婦の別姓が嫌だと言っているし、同性婚にも反対している。「慎重に考える必要がある」と自民党は言っていますが、なぜ人の幸せについて慎重に考える必要があるのか。人を幸せにするんだったら安易安直に考えればいい、奪う物はなにもないし、人を自由にする方向の話なのですから。自民党の言う「伝統的家族」「家族の絆」とはいわゆる家父長制のこと。それを守りたいだけなんです。

――国の管理制度に対する反骨精神がパワーになっていますか。

倉重　私も聞かれたからお話ししているわけですが、聞かれなければいちいち言わないし、私の言っているようなことを主張として掲げている人はいません。現実的に、婚姻制度を維持しなくてはならないとして、私の考えと少しでも近いものを実現するなら、夫婦別姓同姓選択制度への民法改正と、現行憲法の素直な解釈の結果としての同性婚の現実化だろうと思います。時間的な余裕もないですが、女性差別の問題、国家の管理の問題など、関心のある分野はとても多い。もう少し余裕ができれば色々やりたいですね。

● 性犯罪の被告の弁護はせず、一貫して被害者側に立ちたい

――ジャーナリストの伊藤詩織さんの民事訴訟での勝訴について、どう受け止めていますか。

倉重　勝訴はとてもうれしいです。一方で刑事手続でも強制的に性交したかどうかが争われていました。これは伊藤さんに限ったことではなく一般抽象的な話ですが、強制性交が成立するためには、反抗を抑圧するほどの暴行・脅迫が必要となっています。だけど、たとえば窃盗の場合は相手の意思に反し相手のモノを手に入れること、つまり単に相手の同意無くモノを取ることだけで犯罪が成立する。他方、強盗は相手の反抗を抑圧してモノを取る、ということです。

モノを取るという行為は窃盗と強盗があり、被害者が単に不同意だった場合と、被害者の反抗を抑圧した場合の2種類ある。ですが性犯罪は、不同意性交罪はなく、強制性交しか存在しません。強制性交罪よりも軽い犯罪類型として、反抗抑圧をしていなくても、単なる不同意による性交で刑罰が成立するようにした方がいい。単なる不同意では成立しない、というなら、モノを取ることにあてはめれば、万引きなどの窃盗罪なんて罰せられず、無理矢理取るような強盗の状態になってからやっと初めて罪になる、と言っていることと同じです。

――伊藤さんも警察署で「(立件は)諦めろ」と言われたといいます。刑事では不起訴となりました。

倉重　あれは安倍さんのお友達ということで政治が絡んでいます。絡んでいなかったら逮捕されたと思います。伊藤さんの問題は単なる政治問題で、刑法の解釈の問題ではないと思う。

伊藤さんの件とは別に去年、父親から娘が強制的に性交されたのに無罪だった判決がありますが、それは法律解釈の問題です。受け入れてはいなかったが反抗を抑圧されていなかったということで父親が無罪になりましたが、高裁で父が逆転有罪となり良かったです。

――色々な抑圧の仕方があり、色々な抵抗があるのに、法はそれを汲み取っていない、と。

倉重　強姦（強制性交）が成立するのはすごく抵抗したとかすごく叫んだという場合で、強姦神話と言われるようなものがはびこっています。実際に女性が強姦されそうになったら、とにかく殺されないことを一番に考えるでしょう、相手を刺激しないように。それは客観的には受け入れてしまっているように見えるパターンが多いんじゃないでしょうか。

――強姦罪の法改正についてはいかがですか。日本は強姦罪の被害届が少ないようですが。

倉重　要件を緩和しようという動きはあります。また他方、別の罪として、不同意性交罪を創設しろ、という動きもある。とても興味がある運動です。

被害届を出せる人は氷山の一角です。被害者側も恥ずかしいと思ったり、自分に非があるんじゃないかと思ったりして、性被害に遭っても「女の方から誘った」などと言われることがある。伊藤さんも一部の国民からそう言われているし、女性からも言われています。なぜか、よってたかって、被害者を悪者にしたがる。

――伊藤さんは自分を中傷した人たちの責任も追及するということですね。

倉重　がんばって欲しいです。たとえば強盗に遭ったら誰も被害者がおかしいなどと言わないのに、痴漢は冤罪や勘違いじゃない？　と必ず言われる。痴漢と冤罪ってなんでこんなに結びつけられるのか。泥棒に入られても、誰も「それは冤罪じゃないか？」とは言わないのに。それに冤罪かどうかは被害者自身の問題ではなく、警察とか検察権力の捜査過程の公正公平の話です。冤罪の話は警察や検察へ批判を向けるべきことであって、被害に遭った人に向けるものではない。批判の矛先が間違っています。

――強姦事件が来たら積極的に受けたいですか？

倉重　加害者の弁護ではなく、被害者を守る立場の被害者支援をやりたいです。女性が強姦し

「平和のための戦争展」の特別ゲストの Get in touch さん（東ちづるさんが代表）との打ち合わせ

た人間に示談を持ちかけられ、30万円で被害届を下ろしてくれないかとか言われたら同意してしまうかもしれない。お金で解決するわけじゃないけど、できることではないかもしれないですが、30万円だった示談金を100万円に引き上げることも被害者救済のひとつ。受け取らないで悪い奴は刑罰にかけてほしいですが、時と状況によるだろうし、仮にお金で解決するなら、被害者がより多くの額を得られるようにしてあげたいです。被害者を保護し、加害者側の弁護士からガードする役割です。それには、民事的に伊藤さんのような損害賠償請求をやったりすることも含まれます。

――女性の弁護士さんが支援してくれ

るのは、被害者としても心強いのでは。

倉重　被害者側の支援をしている弁護士が、他の事件で、性犯罪の加害者である男性側の弁護をしてはいけない、と私は思っています。人それぞれ自由だし、事件も当事者も違うので「これはこれ」「あれはあれ」と思う人は思うのでしょうが、被害者側の女性に立ってみたら、自分には味方してくれているのに他の事件では加害者の味方をして冤罪を主張するのか、被害者側の立場を無くすようなこと言っているのか、と思うのではないでしょうか。加害者側につくと、罪を小さくするのが仕事で自己矛盾が起きてしまうので、私は加害者側の仕事は絶対したくない。加害者側は必死になって「弁護してくれ」と頼んでくるから弁護士の仕事としてはお金になるとは聞いていますが、そういうのはやりたくないなと思います。もちろん、そもそも「犯人性」を争う事件もあるでしょうが、それでも私は相談に来る被害者の信頼の方をとりたいので、やはりやりたくないですね。

――弁護士は生活のために仕事を選ばない人も多いと思いますが。

倉重　若い弁護士は色々な経験をしたいというのもあるし、選んでいられません。私も今は選んでいられません。生活は楽ではないし、どの弁護士でも悩み所だと思います。ただ弁護士になったのだから、ある程度、大なり小なり志があって当然でしょう。生活のことを考えるのは仕方がないかな、とは思いますが。

――性犯罪、日本ではなかなか減らないですね。

倉重　弁護士としては寄り添うのが一番大事だと思います。ＤＶの被害者もそう。ＤＶも性犯罪も根っこは一緒で、支配したい、思い通りにしたい、従わせたい、という感情が男性側にあります。一つひとつ潰していくしかありません。人を殺したら重罪になると分かっているのに人を殺す人がいます。刑罰では人の犯罪を完全に抑圧できないということです。

● 弁護士として「当たり前の社会常識」を持ち続けたい

――弁護士になりたい学生にアドバイスをお願いします。

倉重　弁護士は単なる一社会人に過ぎない、ということです。修習生時代に、ある弁護士が言っていましたが「社会人経験のある人は、その社会人としての感覚を維持していけばそれだけで十分だ」と言われました。なぜなら社会を知らない弁護士が沢山いるからだ、と。社会経験なく、大学を出たばかりで20代ですぐに「先生」などと呼ばれ、勘違いし、普通の社会常識を知らない弁護士がたくさんいるので、社会人としての常識を持っていればそれだけで一歩二歩リードできると言われました。たとえば弁護士の中には人を待たせることをなんとも思わない人も多いですが、お客様を待たせるという感覚は、私からすると理解ができません。「弁護士は忙しいんだ」という言い訳があるのかもしれないですが、どんな仕事も忙しいはずです。特別視してはいけない。いつまでも当たり前の社会常識を持ち続けたいですね。

倉重弁護士の10問10答

1	好きな音楽は？	サザンオールスターズ・宇多田ヒカル
2	好きな映画は？	「サウンドオブミュージック」
3	弁護士にならなかったら何になっていた？	ふつふつとした疑問を感じながらも、その疑問に蓋をし、生活のためだけに会社員人生を継続
4	好きな動物は？	カラス・小鳥
5	好きな四字熟語は？	臥薪嘗胆・酒池肉林・純米吟醸
6	座右の銘は？	人生、死ぬこと以外はかすり傷
7	好きな食べ物は？	蓮根・まいたけ・ニンニク盛り盛りの鰹
8	自分の前世はなんだと思う？	麦芽・ホップ
9	好きな本は？	地図（いつまでも眺めていられる）
10	好きな歴史上の人物は？	聖徳太子・サリバン先生・河合継之助・ルソー・額田王・シュリーマン

弁護士を目指すあなたへ

思考の中に、「人権を守る」「弱者を守る」というベースがない弁護士は、今すぐに弁護士を辞めるべきと思います。しかし、弁護士の仕事を表す言葉としては、あまりにも抽象的で大上段すぎますので、私は、弁護士の日々の業務は、シンプルに、他人の代理人となることにある、と思います。代理人とは、その人にとって一番良いことを一生懸命に考え実現に向かって行動する者だと考えます。その方の長い人生のうちのほんの少しの部分に突然に関わらせていただく、寄り添わせていただくのです。これが弁護士の仕事だと考えます。あと、私は、弁護士を（議員や医者も）、「先生」と呼ぶ日本の慣行が嫌いです。（日々を摩擦なくやり過ごすため、大人の対応として、「先生」という呼称は使用しておりますが笑）
ひとまず、互いを「先生」と呼ぶようなバカらしい慣行をやめませんか？　、、、と言い合えるような感覚を持った人に弁護士を目指して欲しいと切に思います。　倉重　都

ふじつか・たけひろ

藤塚雄大

１９８７年５月26日生まれ、神奈川県藤沢市出身
早稲田大学法学部卒業
早稲田大学大学院法務研究科修了
弁護士登録２０１５年（司法修習期68期）
横浜法律事務所

うつになった元担任の姿に労働問題を意識

――弁護士になりたいと思ったきっかけは何ですか。

藤塚　中学時代の担任の先生がうつを発症して学校を辞めてしまったのがきっかけです。その先生はすごくまじめで、何事にも全力で取り組む熱血で明るい人で、いつも短パンでした。最初は人づてに聞いたのですが、あんな明るい先生がうつ病になるとは、と信じられなかったで

す（今では、まじめに頑張ってしまう方が危ない、ということはわかっていますが）。

私は暴走族の多い湘南地域出身ですが、通っていた藤沢市立明治中学校は、当時は地域一番校といっていいほど荒れており（今は平和と聞いています）、生徒指導担当のその先生は大変苦労していました。職場である学校でのストレスが先生を追いつめたようです。

その先生が辞めたという話を聞いて少しした頃、たまたまその先生がうつろな顔で道端に座り込んでいる姿を見かけて（家が近所でした）、そのあまりの変わりようにショックを受けました。そもそも道端ってそんな座るところではないし、短パンも履いていなかったし、なんだか異様な雰囲気で声もかけられませんでした。実際に壊されてしまった人を目のあたりにし、働く中で心身が壊れてしまうことがあるのだと、自分の中でわりと大きな衝撃がありました。

身近で起きたこの一件がきっかけとなり、過労うつなど労働問題に関心を持つようになりました。興味を持って文献や資料を読んでいるうちに、過労死や過労自死、過労うつの問題と闘う弁護士がいることを知りました。私は早稲田大学法学部の内田勝一ゼミに所属していましたが、そのゼミの卒論のテーマとして過労死を選びました。卒論を書く中でより問題の理不尽さを知るにつけ、弁護士として労働環境改善に関わろうと、法科大学院に進むことを決めたのです。

また、早稲田大学法科大学院在学中に行ったエクスターンシップ（法律事務所での実務研修）の受け入れ先の事務所であったみどり合同法律事務所の萩原繁之先生が、人権活動に大変熱心な方でした。その姿に感銘を受けたのもあって、弁護士になってやりたいことに、労働問題以外にも幅広い人権活動が追加されました。

――実際になってみてどうですか。

藤塚　イメージしていたとおりの弁護士活動ができています。私が入所した横浜法律事務所は、社会の中で弱い立場に置かれてしまっている人たちのために作られたという成り立ちもあり、過労死事件だけでなく、様々な社会問題の絡んだ事件が舞い込んできます。勝てば判例百選確実といった難しい事件も多いですが、自分の良心や当初の志を裏切らない形で仕事ができており、忙しいですが充実した毎日を送れています。「弱きを助けるのが弁護士でしょ」って思っています。

――受任される事件は労働関係が多いのですか。

藤塚　比較的労働事件が多いですが、一般民事、家事、刑事、幅広くやっています。ただ労働事件については、横浜法律事務所のルールで、使用者側では受任しないことになっているのでこれはやっていません。

また私は、一般的な弁護士に比べると刑事事件をやや多めにやっている方で、刑事事件の中でも敬遠されがちな少年事件も多めかと思います。少年事件は大変ではありますが、やりがいも多い。先ほども言ったように、私の学校はとても荒れた学校でした。暴走にのめりこんで事故で亡くなった友人もいます。弁護士として、不良少年の更生に役に立てればと思って仕事をしています。一般的な事務所に入る弁護士と違う大きな点（そしてこの本に登場する他の先生方とはおそらく共通点）といえば、社会的課題に取り組む弁護団事件を多くやっている点かと思います。

――弁護団事件について教えてください。

藤塚　人権課題に取り組む法律事務所は、事務所を越えて弁護団を組み、規模の大きな裁判（弁護団事件と言ったりする）をたたかうことがあります。私は厚木基地飛行差止訴訟の弁護団や年金引下げの違憲訴訟、生活保護引下げの違憲訴訟等に参加しています。これらの裁判は、社会的課題に取り組む弁護士によって全国各地で弁護団が結成されており、各地がてんでバラバラに訴訟を進めているわけではなく、全国弁護団会議が定期的に開かれ、情報交換をしながら連携してやっています。もっとも訴訟活動は各弁護団それぞれの責任において進めているので、地域によって主張内容に特色があったりもします。たとえば神奈川でいうと、全国の他の地域だと憲法25条違反、つまり生存権侵害が年金引き下げの違憲主張の柱になっているところを、神奈川では29条違反、財産権侵害を柱にしているという独自性があります。

神奈川の主張についてせっかくなので少し説明します。国側は、年金減額を正当化する根拠として、「今の高齢者の受給額が高いから受給者（高齢者）を支える現役世代（若者）の負担や不満が高まって年金未納付が増加しており、このままでは年金制度が崩壊してしまう。したがって受給額を下げざるを得ない」という、「世代間不公平論」を主張しています。みなさんには、若者の棒人間が高齢者の棒人間を何人で支えるか、みたいな図を学校で習った記憶があるかと思います。その記憶から、国の理屈はもっともらしく聞こえてしまう人が多いでしょう。政府の言い分に影響され、本来国に向かうべき批判の矢印が老人に向けられてしまい、若者を中心に老人をバッシングする風潮が出てしまっており、若者と老人が分断されてしまっています。

しかし、この国の主張は実は根本的に誤っています。これから説明しますが、少し難しいのでみなさんは寝ながら読んでいただければ。

国の「世代間不公平論」が間違っているのは、日本の年金制度の成り立ちからみれば明白です。簡単に言ってしまえば、年金のありかた（制度のたてつけ）としては、現役の頃に納めたお金を引退後の自分でもらうという貯金のような「積立方式」という仕組み（若い時の自分から老人となった自分へとお金が渡される）と、現役世代が納めたお金がその時の受給者にわたるという「賦課方式」という仕組み（今の若者から今の老人へとお金が渡される）の2パターンあります。国は、賦課方式が日本の年金制度のベースであると主張しています。しかし実は、日本の年金制度は積立方式です。日本の年金が積立方式として始まったことは、刊行物にも記載されているれっきとした事実。つまり、今の高齢者を支えているのは過去の自分であって、今の若者ではないということになります。自分の貯金なんだから自分の財産。つまり、年金受給権は憲法29条で保障されている財産権です。自分の安心な老後のためにとか言われて払って積み立ててきたのに、貰うときになって、若者の負担だからと賦課方式の理屈で削られる。国の主張はまったくおかしいことになりますが、国において積立方式として始まったことを知らないはずがなく、なぜそんな主張をするのか、恐怖すら感じます。

このように国が理不尽な主張を行っていても、勝つのは難しいです。行政相手の裁判は、「行政裁量」というマジックワードで、ち密な審理がなされずに国勝訴の判決が出ることが多いのですが、私はそもそも行政裁量論は問題だと思っています。ほぼ、国を勝たせる論理でしかない。

また、社会的な影響の大きな事件は、裁判での書面のやりとりだけでなく、社会への働きかけで世論を味方につけるなど、いかに社会に発信できるかが重要となってきます。たとえば年金訴訟で言うと、国によって世の中に広められてしまった「若者からふんだくっ

▶▶▶ 藤塚弁護士ってこんな人

最初に出会ったのは、和光の横浜修習クラスの教室だった。修習は始まったばかり。まだ全員スーツを着ている中、何故かサッカーのユニフォーム様のものを着てチラシを配っていた。このときは、藤塚君が信頼し尊敬する友人になるとは思っていなかった。

藤塚君とは、民裁・刑裁修習が一緒だった。場に溶け込みつつも、自分の考えをしっかり持っていて、言わなければならない局面では臆さず表明する。人の失敗は全力でフォローする。何よりいつも異様に前向きで、物事を前に前に進めていく。これらのことを、ごく当たり前といった風にやる。そしてモチベーションの全ては、ぶれずに利他を志向している。藤塚君を知れば知るほど、こんな人がいるんだと感動を覚えた。

藤塚君の一つの側面に、お笑いがあった。修習中、修習委員の先生方との飲み会や、お世話になった部の裁判官方の面前で、それは披露された。すごいと思ったのは、評価や反応をまったくマイナスに捉えないで、次もまた次も、嬉しそうに堂々と披露すること。同じに見えるネタに、毎回、創意工夫の痕跡があったこと。

上記いろいろ書いたが、藤塚君の一番の特徴は、どこまでも人にあたたかいこと。

（幸裕子）

て悠々自適に暮らす老害」といった賦課方式論を前提とする誤解（よくＳＮＳでみられる）を解かなければ、私たちの裁判への理解が得られない。これは、どの事務所に入っても経験できるというわけではないと思います。

●笑いをテコに社会問題や憲法について正しい知識を発信

――芸人としてそうした課題についてユーモアを交えて発信しているそうですね。

藤塚　私は弁護士芸人としても活動していて、ステージやＹｏｕＴｕｂｅでネタをやっています。ただこれは単なる趣味とか遊びでやっているわけではありません。

昔から庶民による権力風刺の役割を担ってきたお笑いは社会問題との親和性が高く、社会問題への関心を喚起するのに、お笑いは重要な役割を担えると思っています。実際、私が年金裁判について講演するといっても、そんなもの誰も聞かないと思うんです。そうじゃなくて、イベントに来たら弁護士芸人がライブをやっていて、お笑いだから気軽に見るかと見る気になって足を止め、たまたまそこで見たネタの中で、こちらとしてもさっき言ったような細かい話まではできないにしろ、ざっくりと、「あー、なんかおかしなこと起きてんだな」くらいでもいいから、少しでも関心を持ってもらえたらと思っています。さきほど話した「発信」という部分で、芸人の部分がいかせればと思っています。

私は学生時代からお笑いをやっていました。学生当時はピンでコントなどやっていましたが、弁護士芸人としてネタの中で社会問題を取り上げて話すには、一定のことば量が必要で、しかも漫談ではなく、掛け合いが必要と考えました。あるテーマについて、片方が質問し、片方が説明するということが可能になり、扱える話の幅が格段に増えるからです。そこで、形としては漫才のスタイルとし、弁護士と透明人間の漫才コンビ「まさるバンド」を結成しました。このコンビ名は、高校の頃に文化祭で組んだバンドの名前からなんとなく流用しました。相方が透明人間ゆえに観客から見たら私のピン芸に見えてしまうところを、私たちはコンビなんですよとアピールするために複数感のある名前がいいなと思っていて、バンドというのが入っているしこれでいってしまおうと。

私は今、神奈川県庁公式ＹｏｕＴｕｂｅの「かなチャンＴＶ」で、神奈川県庁と神奈川県弁護士会のコラボ番組「弁護士でピン芸人が解説！」というシリーズを担当しています（一応、まさるバンドとしての出演）。これは、神奈川県民のみなさんにその時々でのホットな法律問題について知ってもらおうという趣旨の番組です。そこで、ブラック企業ってなんだろうとか、消費者被害に遭ってしまったらどうするかとか、選挙で投票に行くことの大事さ、いじめにあったらどうすればいいかなど、まじめなテーマを解説しています。

お笑いだからボケはいくつかは入れないといけないのですが、被害に遭われている方を傷つけることはあってはならないので、どういう風にボケを入れるかはいつも気を付けています。

台本、練習、撮影、編集、ほぼ全て私と透明人間とで行っているのですが、この点は最も気を付けています。

――お笑いを始めたきっかけは。

藤塚　最初にお笑いに味をしめたのは中学の時でした。うちの学校は非行に走る少年が多く、学年集会などでもあまり内容を真面目に聞いている人がいなかった。学校の集会で騒いでいるのを注意され、激高して先生の肋骨を折っちゃう生徒がいるくらいの感じです。

ある日、私が学級委員会という学級委員の集まりの委員長だった時、夏休み前の学年集会の企画を学級委員会で決めることになりました。いつもであれば、「夏休みは羽目を外さないように規則正しい生活を」みたいな生活上の注意の話をする場なのですが、私は委員会で、「夏休み中の生活の注意点だけ話しても、どうせ誰も聞かない。だったらコントをやろう」「みんなに聞いてもらうためには、出だしで注目してもらうのがいいんです、そうしたらその後に話す注意も聞いてくれると思うんです」みたいなことを提案しました。当時流行っていたお笑い番組の影響で、自分もやってみたいという気持ちがあり、もっともらしい理由を取ってつけたのだと思います。

この提案が先生方にも了承され、流行していたお笑い番組内のコントの真似事のようなものを集会で披露しました。これが大変ウケて盛り上がったからか、その集会では暴れ出す生徒も出ずに、その後の「夏休み中の生活上の注意」もバッチリ決まりました。これで少し味をしめて、私の頭の片隅になんとなく、「お笑い」という選択肢が出現しました。

サッカー少年であった私の小中時代の意識の大半は、サッカーにありました。私はその後神奈川県立湘南高校に進むのですが、湘南高校でも、これまでのサッカー人生がコンティニューとなり、サッカー部に所属していました。それまでのサッカー人生では、小学生の頃は徳島ヴォルティスのジュニアチームでやっていたり、中学ではキャプテンを務めて藤沢市の選抜チームだったりと、キャリア的にはそんなに悪くはない感じで来ていました。しかし高校では3年間で2度も手術をするなど、怪我の神様に魅入られてしまいました。高校で頑張るぞと思っていたところの、ボールも蹴れないリハビリの日々。ボールどころか松葉杖が友達でした。

やる気が行き場を失い、怪我でもできることはなんだろうと考えていたとき、同じく怪我をしていて一緒にリハビリしていたチームメイトと、お笑いの話で盛り上がりました。すでに頭の中に選択肢があったので、M－1甲子園という高校生版M－1グランプリに出場してみることにしました。結果として県予選で敗退し、私たちは全国に行けなかったのですが、見に来てくれたサッカー部の応援もあってか会場でそこそこウケたので、変な自信が続いてしまったんです。

よくある話で、その相方とは高校の文化祭でもネタをやったりしていたのですが、彼が一浪で私が現役だったため、大学進学時にコンビ休業状態になりました。私は一人で早稲田大学寄席演芸研究会というサークルに入ったのですが、相方になってくれと人に頼むのもなんとなく億劫で、新しい相方も作らず、ピン芸人として活動し始めました。この早稲田の寄席研は、さすが大学お笑い界の名門でとても厳しく、生半可なネタではライブに出られないところでした。ネタ見せで容赦ないダメ出しの嵐を受けながら、文化祭レベルだった私は先輩や同期に鍛えていただき、お笑いを学んだのです。ライブの準備で学業はおろそかになりがちでしたが、とても充実した学生生活だったと思います。

もっとも、職業としてお笑い芸人を目指すまでは考えたことはありませんでした。将来の仕事については漠然と、平和な世の中にしたいな、平和な世の中を壊すといったら戦争だな、戦争を止めるといったら国連だな、そしたら国連とかで働けたらいいのかな、というマジカルバナナをしていたこともありました。しかし、国際関係の演習科目を取って国連在籍経験のある教授と話したとき、国連は思っているのとは違うよ、と言われてこのマジカルは終わりました。

そんなある日、冒頭で話した中学時代の先生の一件があり、そこから方向が決まって今こんなことになっています。

——弁護士の仕事にお笑いの要素を採り入れたのはいつからですか。

藤塚　大学院進学後休止していましたが、弁護士になったらお笑いを再開したいなとは思っていました。ただ、お笑いのネタを作るのは大変で、忙しい弁護士業務の合間では、並大抵の気持ちでは作れない。ネタ出来たらいつかやろうみたいなゆるゆるした心持ちでは無理だと思いました。そこで、ピン芸人日本一を決めるR－1ぐらんぷりにとりあえずエントリーし、ネタを作らなきゃいけない状態に自分を追い込んで、お笑いの頭を少しずつ戻していくという更生計画を立てました。

R－1は完全にアウェーの舞台なので、最高にシビアです。ネタを作ってしっかり練習しなければ、本番は2分間の地獄体験ツアーとなります。R－1ぐらんぷりには、学生の頃毎年挑戦していましたが、全て一回戦敗退でした。このコンテストには、ものすごい数のピン芸人がエントリーし、2分の持ち時間でひたすらネタを披露していく。二回戦に進めるのは8人に1人くらいの割合です。特にプロの芸人さんは1年に1度の運命を変えるチャンスであり、その殺気はすごいです。そんな中でアマチュア参加者が二回戦に進めた場合、そこそこの勲章となります。

社会人となった後で仕事さながら準備したのが幸いだったのか、弁護士となって初めて出場したR－1ぐらんぷり2017で二回戦進出を果たすことができました。この二回戦進出が勲章となって、イベント出演のオファーやYouTube番組の話につながっていくことになります。

「人を傷つけない笑い」を意識

――社会問題や被害者の人がいる事件をテーマにネタを作るのは難しいことではないですか。

藤塚　絶対に人を傷つけない、ということは自分の絶対的ルール。テーマが難しくあっても、傷つけないネタは作れます。万が一作れないなら、そのテーマは取り扱ってはいけないということ。お笑いであっても人を傷つけることは許されません。

M-1を見ていても、絶対にいくつかはうげっとなるボケだったりツッコミだったりがあるのが悲しいところです。最近、ぺこぱのような誰も傷つけない笑いが躍進していますが、私の大好きなお笑いはこの方向であってほしい。好きな人が悪い奴であってほしくないですね。

たまに毒を吐くような芸人が、ちょっとあぶない感じの雰囲気になってカリスマ視されて人気になったりしますが、それがすごく残念です。お笑いと差別や排外主義との関係性について関心のある方は、早稲田文学増刊号『「笑い」はどこから来るのか?』という本を読んでほしい。というか、芸人さんはこの本を必修本として読んでいただきたいくらいに思います。

――忙しい弁護士業務に加え、ネタ作りや練習の時間も必要。どう捻出しているのですか。

藤塚　他のことを考えなくていい時間は、ネタを考えていることが多いです。何か思いついたら常に持ち歩いているネタ帳にメモ。移動の電車の中でマスクして周りの人に聞こえない程度にぶつぶつ練習しています。

見たことがある人にはわかると思いますが、透明人間との漫才という私のスタイルには、準備段階で特殊かつ手間のかかる作業が必要になります。そのための機材は、高価だけどきちんとしたものを揃えました。高価なものを揃えて、自分に芸人を続けるプレッシャーをかけているのです。

とある平日のスケジュール	(時)	とある休日のスケジュール
帰宅。コナにお散歩に連れて行ってもらう	0	帰宅。翌日が休日であることを祝してドーナツを食べる
今日という一日を無事に過ごせたことを感謝しつつドーナッツを食べる	1	ドーナツなのかドーナッツなのか悩む
寝る。ネタが完成していない状態でライブの日を迎えた夢を見る	2	寝る。リバプールに移籍した夢を見る
│	3	│
│	4	│
│	5	│
│	6	│
│	7	│
│	8	│
舞台でどすべりして目が覚める	9	けがを乗り越えた復帰戦で劇的ゴールを決めて目が覚める
裁判期日	10	お笑いと社会問題の関係性について深い考察を加える
│	11	│
起案	12	王様のブランチを見て、トレンドスポットに行った気になる
メールをチェックしながらお昼	13	ぐりとぐらのようにホットケーキを食べる
年金引き下げ違憲訴訟弁護団会議	14	長めのお散歩に連れて行ってもらう
│	15	│
法律相談	16	透明人間の相方とネタ合わせ
依頼者打ち合わせ	17	│
厚木基地飛行差止訴訟弁護団会議	18	│
│	19	学生時代のお笑いサークル同期のお笑いライブに行き、みんな頑張ってんなあと思う
│	20	│
接見	21	│
│	22	帰宅、おさんぽショートバージョン
仕事終わりにバーに通う弁護士にあこがれながら帰宅	23	今日一日を無事に過ごせたことに感謝しつつ donuts を食べる
│	24	│

集会でネタを披露する藤塚弁護士

――今は、弁護士志望でも、企業法務の方がいい、人権活動をしたくないと考える学生が増えているのではないでしょうか。

藤塚　漠然と、「人権活動をしている人たちは野蛮」というアレルギーのようなものを持っている人が多く、若い人によりそれが顕著な気がします。ダサい、おしゃれじゃない、なんか怖いとか、若手の弁護士にもなんとなくそんな印象を持っている人が多いように思います。

それはめちゃくちゃ誤解です。もっとも、そういう印象を変えられるように、私たちも努力しないといけない。あと、弁護士法1条を見てみてほしいです。社会問題、人権課題に取り組むことは弁護士の使命とされています。

――少年事件についてお聞かせください。

藤塚　少年事件では、少年の処遇を決する少年審判までの期間が短いにもかかわらず、やることは多岐にわたります。弁護士の仕事にはパソコンに向かって起案をする時間も多いのですが、少年事件は違う。少年事件を持っている期間は事務所にあまりいられず、外を回る時間が増えます。ほかの仕事に使う時間を相当もっていかれるので、この点でもやりたがらない弁護士は多いのですが、その分やりがいはあると思います。

たとえば、やってしまったことを認めている事件（自白事件）では、環境調整に力を入れることになります。事件を起こす少年は、その環境に問題を抱えていることが多く、逮捕時の環境を放置していては、社会復帰をした際に再非行の恐れが大きい。そこで非行グループ内でしか居場所を見つけられていない子は、別の居場所を一緒に考えます。無職の子であれば仕事を探したり、家族との仲を修復したり、家族との仲が修復できないのならば親戚に預かってもらう話に段取りをつけたり。「大人はみんな敵。弁護士とかいうあんたも信用してねえ」みたいなオフェンシブな少年には、根気強く接見（警察署内の留置施設等、つかまっている場所に会いに行くこと）に通って信頼関係を築きます。反省を促すには、話の出来る関係が必要不可欠なんです。

また、少年事件対応にはスピードも求められます。たとえば、今担当しているケースの子は、珍しい難病に罹患しており、その症状として知的障がいを有し、また身体の成長も遅れていま す。高校生年齢にもかかわらず、実際は5歳程度の知的能力で見た目も幼い。しかし、罹患しているのが珍しい病気すぎて裁判所や捜査機関の理解がなく、大人と同じ留置場で勾留（捜査機関が身柄をとどめ置くこと。当然家には帰れない）されてしまったのです。みなさんにも考えてみてほしいのですが、5歳の子どもが勾留に耐えられるはずがない。体力的にも限界のため、急ぎ身柄解放に向けて弁護活動を行っています。

この少年のみならず、身柄を解放する必要性が高い少年は多くいます。少年が学生の場合、勾留によってその後の人生に悪影響が出てしまうことも多くあります。期末試験を受けられず留年してしまったり、入試を受けられず進学できなかったりすると、その後の人生に大きな影響が出ます。もともと少年の身柄拘束は原則行ってはいけないと、少年法で定められています。しかし実際は、原則と例外が逆転しており、不当にも勾留されていることが多いのです。身柄解放をする必要性・緊急性が高度という意味でも、少年事件は特にスピードの求められる分野だろうと思います。

――仕事を見つけてあげることもあるのですか。

藤塚　探すことはありますが、めったに成功しないですが。泊りがけで少年の母校を訪問して、当時から少年が慕っていた先生と会って話し、その人の紹介で見つけたことがありました。しかし、泊りがけで訪ねて行って会って、という熱意を見せてようやくなんとか、といった感じで、そのくらい難しいものだと思います。

ただ、職場が見つかれば、仕事で非行をする暇もなくなり物理的に再非行のおそれが減少するし、規則正しい生活を送って勤務し続けることができれば本人にとっての自信になり、更生の道筋がついていきます。成功率は低いですが、可能であれば挑戦すべきだと思います。

――家族との仲を修復することは難しいのではないですか。

藤塚　難しいことも多いですね。両親がもう手に負えなくなっており、勘当状態の子もいます。「あんなやつのことは知らない」という親もいますが、親は少年にとって重要なキーパーソンです。可能な限り、協力を申し入れます。激怒している親も、事務所に来てもらってできるだけ話すようにしています。

――そのような親と話をすることは大変ではないですか。

藤塚　少年に対する怒りが弁護人に向いてくることはあります。このように修羅場になることがあるのは、もちろん少年事件だけではなく、いろんな分野でありうることです。

しかし私はあまりしんどく感じていないかもしれないですね。そこは多分、お笑いをやっているのが活きています。コントをやる場合、その間は別のキャラクターになり、別人格にすることになる。それを流用して、自分と、今修羅場にいる自分を頭の中で分離しているんだと思います。

――「もっとこれやれたらな」というのはありますか。

藤塚　弁護士として頑張ることは当然として、もうちょっとしっかりお笑いをやりたい気もしています。R－1ぐらんぷりがアマチュア出場禁止になり、R－1に出たいのもあって事務所所属を考えたこともあります。実際、知人の紹介で芸能事務所の社長に会ったこともありました。なぜかグラビア系をメインに扱っている事務所でしたが。

大学の寄席演芸研究会の同期や後輩で、お笑いの世界でまだ頑張っている人たちは本当にすごいなと思います。弁護士としての日々の中では、意識していないとお笑いの世界から遠くなりがちなので、たまにそうした仲間の活躍をみて、近づいて、刺激をもらっています。

――今一番力を入れていることは。

藤塚　もちろん、受任事件は全て全力でやっています。報道も多く、世間の注目の大きい事件ということだと、神奈川県庁職員過労自死訴訟があります。これは神奈川県庁の職員として働いていた若手職員が、無理難題の業務やパワハラ、長時間労働によって精神疾患を発症し、自死してしまった事件。神奈川県を相手に損害賠償を求めています。

この件は大きく報道され、日本テレビの「スッキリ」という番組でも20分以上の長い特集を組んで取り上げられました。そこで私のインタビューが放送されたのですが、これは訴状提出&提訴記者会見の翌日というへとへとに疲れたタイミングで収録されたもの。さすが視聴率の良い番組で友人から連絡も多かったのですが、ほとんど「疲れてる?」というものでした。訴状提出直前まで内容を練り直し続け疲労困憊になるほど、この事件は思い入れをもってやっているものの一つです。

弁護士はすごく自由で、自分の個性を生かしながらできる職業だと思っていて、そのひとつの形が弁護士芸人の私だと思っています。こんな人もいるんだということで、今学生の方には、既存の職業にとらわれず、様々なことにチャレンジしてもらいたいですね。

漫才「憲法」

ふ＝藤塚弁護士　ま＝透明人間まさるくん

（出囃子）

ふ・ま　はいどうもーーー

ふ　私、ボケ担当の弁護士の藤塚と、こちらが（手でまさるくんの方を示す）

ま　私ツッコミ担当の透明人間のまさるくんのコンビでやっております

ふ・ま　まさるバンドと申します！　よろしくお願いします

ふ　私の相方は透明人間でして、みなさんには見えないと思いますが、このあたりにいるんですよ（自分の左側に勢いよく腕をつき出す）

ま　あああぶないな！　急に何してんだよ

ふ　いやー、本当にいるのかなと思って

ま　相方が疑うんじゃないよ！　まあ、透明人間と弁護士のコンビでこうして漫才やってますけどね、がんばっていきたいですね

ふ　ええ

ま　それにしても、ほんと今日はこんな大勢の方にお集まりいただきましてね、ありがたいことですねー

ふ　お客さん右から、憲法9条1項、9条2項、ひとりとばして10条。飛ばされたあなた9条3項

ま　いや、お客さんは憲法の条文じゃないし、なに勝手に加憲してんだよ！
ふ　え、だって明記しないとかわいそうなんでしょ、たのきんトリオが
ま　それなんの話なんだよ。なんでたのきんトリオを憲法に明記すんだよ
ふ　じゃあせめて、マッチだけでも
ま　うん、じゃあ一人だけならしょうがないか、って明記しないよ！
ふ　ギンギラギンにさりげなくー（書き込むような動作）
ま　さりげなく憲法に書きこんでんじゃないよ
ふ　そいつがナチスのやりかたー
ま　最悪の手法！
ふ　手口学んだらいいって聞いたんですけどね
ま　もう、ちょっとしっかりしてくださいよ。そんなんでちゃんと漫才できるんですか？
ふ　大丈夫大丈夫安心してください。もうね、おおふなに乗った気でいてください
ま　あれ、おおぶねって読むんだよ。そんなん読み間違えてるようじゃ安心できないですよ
ふ　あー、ごめんごめん
ま　お願いしますよ。まあ気を取り直してしっかり漫才やっていきましょうよ。けっこうお客さん集まってくださってますからね！
ふ　え、そんなにお客さんいます？（目をごしごし）
ま　いますよ、あれ、目悪かったっけ？
ふ　そうなんですよ。あと視力検査がどうも苦手で。ちょっと練習するから、やり方あってるか見ててください
ま　まあまあいいですけども
(コントイン)
ふ　あー、ここがまさる眼科クリニックか。よし入るか

ま　え、そこから？
ふ　オーストリアー
ま　そこはウィーンだろ
ふ　ウィーン（たて方向にひらく）
ま　どういう開き方してんだよ。そんな自動ドアないよ
ふ　ウィーン、キャー、殺人自動ドアーーーー！！
（ひらいたドアにはさまれる）
ま　なにしてんだよ！　早く検査に進めよ
ふ　失礼します、よろしくおねがいしますー
ま　お、やっと検査が始まるのかな
ふ　えっ！　何も見えない！　怖いよー！
ま　隠すのは片方でいいんだよ！
ふ　右、右、右、右
ま　え？
ふ　右、右、秘密保護法、安保法制、共謀罪、憲法改正、徴兵制、戦争
ま　おい！　なに右に突き進んでんだよ
ふ　平塚、茅ヶ崎、辻堂
ま　それ東海道線の路線図右にいってるだけだね
ふ　藤沢、おおぶね
ま　そっちはおおふなでいいんだよ！
もう、全然大船に乗った気なんかなれないんですけど
ふ　ふねといえば、この前聞いたんですけど、憲法改正したらそれはそれはおーきな船に乗った気でいられるようになるらしいですよ
ま　え、それどんな船？
ふ　タイタニック
ま　それ沈むじゃねえか！　いい加減にしろ
ふ・ま　どうもありがとうございました！

藤塚弁護士の10問10答

1	好きな音楽は？	Fatboy Slim「Because We Can」
2	好きな映画は？	美しい漫才はもはや映画ですよ
3	弁護士にならなかったら何になっていた？	知る人ぞ知る芸人
4	好きな動物は？	コナ
5	好きな四字熟語は？	飛石連休
6	座右の銘は？	人が傷つくのはお笑いじゃない
7	好きな食べ物は？	ぐりとぐらのホットケーキ
8	自分の前世はなんだと思う？	ぐら
9	好きな本は？	ちいさいモモちゃんルウのおうち
10	好きな歴史上の人物は？	Mr. ビーン

弁護士を目指すあなたへ

座談会

「青法協ってこんなところ」

弁護士　久保木太一
辻田航
菊地智史

久保木太一（くぼき・たいち）
一橋大学法学部卒業
東京大学法科大学院修了
弁護士登録２０１６年（司法修習期69期）
城北法律事務所

辻田航（つじた・わたる）
早稲田大学法学部卒業
一橋大学法科大学院修了
弁護士登録２０１６年（司法修習期69期）
北千住法律事務所

菊地智史（きくち・さとし）
早稲田大学第一文学部文学専修卒業
中央大学法科大学院修了
弁護士登録２０１６年（司法修習期69期）
東京南部法律事務所

――みなさんの青年法律家協会弁護士学者合同部会（以下、青法協）での活動についてお聞かせください。

久保木　青法協憲法委員会という「花形」部署で、情勢を踏まえた決議などを上げています。加えて、青法協の東京支部では異業種である司法書士、行政書士、土地家屋調査士、社労士、税理士とお互いの活動について交流を行う「六青会」の幹事をやっています。

辻田　私も憲法委員会に所属しています。改憲問題対策法律家六団体連絡会というものがあり、そのうちのひとつが青法協ですが、青法協の憲法委員会のメンバーから代表して私と久保木君が出ています。

久保木　改憲問題対策法律家六団体連絡会では、主に野党の政治家と連携して、議員への働きかけなどの国会対策をやっています。

菊地　私は青法協の東京支部の事務局次長をしています。修習生委員会にも形式上入っていて、幽霊部員になってしまってはいますが、毎年合宿会場の手配をしています。憲法委員会は完全に幽霊部員になってしまっており、この話題について話すことに気まずさを感じています。

久保木　青法協の東京支部は月例勉強会をやっていて、そこにその道の弁護士を講師としてお招きしています。ＬＧＢＴ訴訟など時宜にかなった人権問題をテーマにしています。

辻田　青法協には年１回の総会もあります。総会と年４回の常任委員会は合宿で、１回は東京でやります。他は支部のある全国各地でやっています。青法協には、弁護士学者合同部会以外に司法修習生の部会、ロースクール生の部会があります。

● 弁護団を立ち上げられるネットワークがある

久保木　このメンバーで集まると思い出すのは、弁護士になって初めて参加した宇都宮での常任委員会。昼間は青法協の内部規約の改正について議論をして、夜は同期で出かけてバーでカクテルを飲んだり楽しかったです。あれは菊地君に連れて行ってもらったお店だったね。

僕と辻田君はオプショナルツアーとしてその足で足尾銅山にも行きました。鉱毒の影響で無くなってしまった村の跡地や植物の生えなくなってしまった山などを見て、日本の公害問題の起こりに思いを寄せたんです。

菊地　久保木君がメロンリキュールのカクテルを飲んで「メロンのかき氷シロップの味がする」と評したのが忘れられない。あのカクテルバーは古くからある名門のバーで、店長が最近コロナウイルスに関するテレビ取材を受け、この状況が数ヶ月続けば廃業もやむなしとコメントしていました。飲食店の経営者が追いつめられている現状に鑑み、青法協でなにか動けないものだろうか。

久保木　その問題意識は重要だと思う。ひとまず総会に話を戻すと、年1回の総会は大規模なもので、皆で集まって議論します。やっていることとしてはそういうことですが、青法協で重要なのはそれ以上にネットワーク作り。弁護士一人ではできないような大きな事件で、弁護団を組まなければいけないというとき、青法協のネットワークを使って声をかけ、人を集めることができる。そのような特色があるから、菊地君の問題意識についても、青法協として飲食店経営者のためにできることがあるはずだよね。

辻田　色々な法律家団体がありますが、司法修習生や学生などの弁護士の卵の人と最も付き合いがあるのが青法協だと思う。

菊地　人権系の団体で唯一、司法試験合格前から学生に接触しています。人権系で唯一ちゃんとリクルートをやっている団体と言っていいんじゃないかな。リクルート活動に熱心でない人権系の団体の、総合的なリクルート窓口として機能している面もあります。

久保木　弁護士になりたい人はある程度社会問題や弁護団事件をやりたいと思って司法試験を受けると思うのですが、普通に弁護士をやっているとなかなかそういうものに出会わずに日々の業務をこなしていくことになるものです。青法協にいると、人権弁護士の道が開ける。著名な憲法判例のほとんどに青法協の会員が関与しています。

――青法協も若い人は足りていない状況ですか。

久保木　若い人は足りてないし、そもそも社会運動を担う人が足りてないですね。

――人権活動をしていない弁護士が多い？

辻田　弁護士会の活動としてそういうことをやっている人もいますが、東京などの都市部では全くやっていない人も多いです。全国の弁護士会の中で、東京や大阪は特殊と言えば特殊です。

●いわゆる「弁護士像」は青法協の弁護士が近い

久保木 たとえば企業法務をやっていたらめったに法廷に立つことはないし、一般の人が思う弁護士像に近いのは青法協をやっている弁護士だと思うんです。

菊地 もちろん、青法協ではない弁護士も金儲けばかりしているわけではありません。個別事件の解決が弁護士の仕事であり、プロボノ活動も課されています。

辻田 ただ、弁護士像に近いのは私達だと思っています。

――青法協の会員数は。

辻田 約２４００人です。

――憲法判例が多いそうですが、人権系の団体の中で憲法関連に一番強みを持っているのは青法協なのですか。

久保木 もともと芦部信喜という日本の憲法で一番有名な学者さんが立ち上げ人の一人になっています。

辻田 憲法訴訟も含んだ弁護団事件の経験者が沢山いるので、色々とアドバイスはもらえます。

久保木 裏話なども聞ける。

菊地　弁護団事件のノウハウはそれなりの蓄積があると思います。
久保木　ただ残念ながら、憲法の裁判はお金にならないんですよね。
菊地　ちゃんとマネタイズすることも必要ではないかと思いますね。
久保木　B型肝炎の事件なんかはもともと、弁護士が誰も受けてくれず被害者がすごく困っていた案件でした。それを青法協の会員も中心となって手弁当で弁護団を組んで国と闘い、国に救済法を作らせたんです。簡単に言うと、一定の資料をそろえたら病気に応じて給付金を払うということが法律で決められた。最初誰もやりたがらなかったけど、裁判闘争の結果、お金になる事件になった。それを利用して新興の法律事務所がお金を稼いでいるという現状もあるわけです。
菊地　それには功罪があって、新興事務所が大規模な広告を打つことによって、弁護団にアクセスしない人たちが救済に辿り着いている側面はあるよね。
辻田　被害の補償や広報は、本来は国がやるべきことだと思うけど。
——広告を打たないのはなぜ?
辻田　もともとオーダーメイドの仕事が多い職業なので、相談があまりに多く来ても処理しきれないんです。ただ、B型肝炎の場合はある程度システマチックに処理しやすい。もともと過払金請求で広告を出して大量に処理する事務所があり、その流れでB型肝炎でも同様のことをする事務所が出てきたわけです。

――青法協も若い人を集めるためには、そういうことをしてはどうでしょうか。

菊地　テレビCMをやらないにしても、マーケティングの発想を持つことは必要ですよね。別に、金儲け主義に転向しろという話ではなく。困っている人たちに、青法協をやっているような誠実な弁護士にたどり着いてもらうのはどうしたらいいか、法曹を志す若者に、青法協に魅力を感じてもらい是非とも加入したいと思ってもらうにはどうしたらいいか、相手の気持ちになって真剣に考えてみるということです。例えば、テレビCMをやるだけの資金がないなら、困っている人にアクセスしてもらうにはどのような手段があるか、紙媒体なのかネットなのか、ある問題で困っている人は新聞を見るのか雑誌を見るのかインターネットを見るのか、そんなことを具体的に考えなければならない。また、自分たちがやっていることが法曹を志す若者の目にどのように映るのか、見栄えという点も真剣に検討する余地があると思う。

久保木　ゆるキャラを作ったりはしていますが……。

菊地　ゆるキャラを作ることそのものは素晴らしいこと。今後の課題は、作ったゆるキャラをなんのためにどのように活用できるかということですよね。

――人権活動に興味をもってもらうためにもっとお金を使ってもいいのでは。

久保木　それはアリだと思う。

辻田　青法協に入ってくれるかは別として、大学生にもリーチしています。青法協としての広報の対象は学生や司法修習生が大部分なので、一般的なCMはなじまないと思う。

久保木　法廷傍聴を弁護士が解説します、というのを年1回やっていますが、50人くらい来たこともありました。

菊地　ほかの団体と比べて、潜在受験生に一番早い段階から接触しています。弁護士会の中の団体などほかのところは、司法試験に合格した後からですから。伝統的にリクルートをする意識を持ってきたことは素晴らしいと思うし、そのような伝統の担い手であることは誇らしいです。ただし、伝統に安住することなく、新たな手法など常に希求する必要はあります。

――青法協の活動を通じて学生とどんな接触をしているのですか。

辻田　夏には「学生セミナー」というツアー企画があり、泊りがけで人権問題の現場に行っています。

菊地　僕は靖国神社に行きました。

――青法協は若手がやろうといったことは聞いてくれる?

久保木　そういう意味で風通しがいい団体ですよね。若手の比率が多いし。

菊地　特に期や年齢が中堅どころの先生方が執行部にいるから意思疎通しやすいですね。あまり歳の離れた層が重要なポジションを独占してしまうと、若手側の話が通らなくなるから。

久保木　青法協の憲法委員会でも、決議や議案書についての若手の意見はほぼ採用されて出しています。一昨年の総会では、一期上の岸朋弘さんが、一方的に講師の話を聞くだけではなく全員参加型にしたいと提案し、ディベート企画が行われました。あれは画期的だったと思う。

辻田　ディベートは、憲法改正について一般の人にどう伝わるか、というテーマでした。

久保木　青法協で一番重要なのは横の繋がり。弁護士はふつう事務所の外とは繋がりがなかなかできないんです。僕は菊地君と辻田君とまあまあ顔会わせて飲みに行ったりしますが、青法協に入ってなかったら知り合ってなかった。同期の繋がりがあって、同期で飲んだり遊びに行ったりすることができるのは、一番の財産なのではないかと思います。

辻田　全国的なコミュニティでもあるしね。地方の弁護士だと弁護士会自体が小さいので孤立することはあまりない一方、東京などの都市部では、下手するとブラック事務所みたいなところに入ってしまったけど誰にも頼れない、ということがあるかもしれない。でも、青法協に入っていると孤立せずに済む。

久保木　つらいこともあります。お金にならないボランティアみたいな仕事は多いです。ただ、他方で一度きりの人生で、社会を変えるための活動に挑戦できているということが、僕にとっては大きい。やっと成仏できるかなと思っています。

菊地　弁護士になってもお金が稼げないとなったら若い人が入って来ないから、きちんと稼ぐことが大事だよね。

久保木　そんなに稼げないということはないよ。

――青法協系の事務所とそうではない事務所の違いは。

久保木　ほかの事務所に断られてここしか頼るところがない、という依頼者が相談に来ることが多いですね。単価は安いけど事件数はそれなりにあります。

辻田　青法協の弁護士が入っている事務所の多くは、ボスがいて若手が雇われるという形態ではなく、新人も最初から経営者です。新人でも、どういう事件でどのくらいお金が入ってくるのかが分かる。ボスがいるような一般的な事務所では、ボスに入ってきた仕事が下に「月いくらの報酬で」などの条件で降りてくるだけで、その仕事が実際いくらの報酬かというのが分からずやっていたりします。そういう意味では、青法協系の事務所の方が、事務所経営が早く分かるかもしれません。

人権活動をする人は、普通の弁護士より優秀じゃないといけないとも言われます。普通の弁護士分の仕事をした上で人権事件もやらないといけないから。

菊地　普通の弁護士より優秀な人しか青法協の弁護士に求められる活動を担えない、という考え方はよくないかな。僕のような平凡な人間は青法協には要らないから出ていけ、ということにもなる。そうすると、青法協の弁護士の人数が減少し、青法協が弱体化する。マジメで優秀な学級委員のような人ばかりになってしまえば、多様性もなくなる。そうではなくて、知的能力の点では平凡な人間でも、他の点の個性を活かして人権弁護士をやっていけるようにならないといけないと思います。みんながそこそこ稼いで余裕を持って人権活動をできるような仕組みを作れないと、今後青法協系の事務所は人材難になる。一握りの優秀な人材が自動的に4大事務所の内定や任官任検を蹴って、ベルトコンベアに乗って私たちの事務所に供給されることを求めるというのは無責任な話でしかない。そういう言い分は、司法試験合格レベルの知的能力がある人なら、個別事件の仕事と人権活動を両立することを可能にするだけの仕組みを、頭を使って知恵を絞って構築することを怠っている、怠け者の言い分であると僕は思います。それに、普通の弁護士より優秀な人のみ来なさい、という上から目線のスタンスになってしまうと、優秀な若者だって「あんな高慢なところには行きたくない」と感じてしまうでしょう。「司法試験に合格した以上、どのような人でも来てください。個別事件の仕事も人権活動も両立できるように私たちがしっかりサポートします」と言えるような度量が必要で、そのためにはリクルートする側がきちんと頭を使い知恵を絞るべきです。

個人的には、まず新人弁護士の1年目の個別事件の仕事対策として、交通事故や離婚等の事件類型毎に処理手順や実務の注意点を青法協の若手弁護士が研修的に話をする機会を設けること、新人弁護士を別の事務所の期の近い先輩弁護士が青法協の中のメンターとして担当し定期的に連絡を取って悩みや同じ事務所の先輩に言いづらい話を聞いてあげるという試みを考えています。修習生の話を聞いてみると、事務所の新人教育の体制について強い関心を持っています。他方で、各事務所で新人教育の体制はまちまちなので、そこを青法協でアウトソーシングできないかという発想です。

——そもそも、なぜ青法協に入ったのですか。

久保木　僕はもともと東大のロースクールに行っていたのですが、ほとんどの人が企業法務の大手事務所に行くんです。実際に僕も大手事務所の研修に行きました。事務所は都心のビルの高層階にあり、夜の懇親会ではふかひれのスープなんかも出てきた、そういう空間。僕も一瞬は憧れましたが、そうじゃないな、と思ったんです。そもそも弁護士になろうと思った初心が、弱者の味方になりたいという思いだったから、みんながみんな企業法務を目指すのは違うと思っていました。そういう話をロースクールでしていて、たまたま意見が合ったのが青法協のロースクール生部会に入っている人だった。その人に誘われて入ったんです。

法律は客観的なルールだから、勉強すればするほど自分がドライになる気がしていました。そうではなく、勉強したことを社会や人権のために使うということに魅力を感じました。

辻田　私は最初は裁判官になりたかったのですが、司法修習で実際の裁判所の中を見て、自分が同じような働き方を楽しめるだろうかと疑問に思ったんです。私は一般的なサラリーマンとして生きたくなくて法曹を目指した部分もあるので。

全国各地に青法協に入っている事務所があって、市民団体の活動支援などをしています。人権問題に関心のある司法修習生が主催する七月集会があり、青法協も共催として手伝っていました。修習生時代に私が七月集会に関わるようになり、そこで久保木君や菊地君に誘われて青法協に入りました。青法協で活動すれば、今後の人生でも退屈はしないだろうと思いましたね。

久保木　確かに退屈はしない。

辻田　ボスに雇われるだけの弁護士だと自由がないので、自分ならきっと飽きてしまっていた。

私の事務所は全員青法協に入っているので、皆一般的事件以外の活動をやることを想定しています。だから「あれをやるな」「これをやれ」などと言われないし、雇われているわけじゃないので命令もされない。事務所内の弁護士同士は、あくまで先輩後輩。

一般的な事務所は雇われた若い人がそのうち独立していく、というのが普通です。青法協に入っている事務所は昔から、ボスがいる形態ではなく、ただみんなで助け合う、10人、20人規模で運営してきた支え合いです。

小規模でボスがいる事務所だと、ボスと仲が悪くなると新人が1年目でやめることになるとか、そういう難しさもあります。4大事務所や5大事務所と言われる規模の事務所になると、経営陣も多数いて、より多くの若手がいます。新人をすごくたくさん採用するので人海戦術みたいな仕事もあるらしいです。合計で新人弁護士全体の1割を採用していると言われていますが、それは一定数辞める前提で採っているんでしょうね。

——皆さんも激務ですが。

辻田　忙しさの種類が違うのかな。大手は基本的に事務所でデスクワーク、「朝9時から夕方5時まで」などのような勤務時間の決まりもある。

菊地　実際には朝9時から朝5時まででしょ、僕たちはそれと比べたらハードじゃない。それに、助けなければいけない人が目の前にいるから、少々労働時間が延びてしまうときも頑張れる。組織の中で、部品の一つとして、助けなければいけない人の顔が見えない状況で長時間の仕事をするというのは、自分には無理だと思います。

辻田　メンタル的にも、雇われの弁護士とわれわれはストレスが違う。われわれは年次の割には裁量が大きいんです。単純に上から仕事が降ってきていつまでにやっといて、みたいなことではないので。

――菊地さんはなぜ青法協に入ったのですか。

菊地　後で述べますが、尊敬する先輩弁護士が加入していたことが大きいです。それと、ヘイトスピーチ問題など日本社会が右傾化して狂っていく中で、自分は正気を保ちたいと思っていました。それだから、リベラルな色のある青法協に入ったんです。

――青法協の若手対策に対して、一家言あるようですが。

菊地　若手は功利的だからメリットがないと集まりに参加しないと言われますが、うちの事務所の若い期の弁護士は、弁護団活動などにすごく参加しています。自分より期の若い弁護士たちの動き方を見ていると、今の若手はイデオロギー闘争に興味が無くて、具体的に誰かを救いたいというモチベーションで動いている。功利的なのではなく、あまりに利他的だから、具体的な誰かを救える可能性のある活動だけに関心を持っているのだと見ています。だから若手を獲得したいなら、具体的に誰かを助けたり、具体的に社会の一部分を変えられる活動をしていく必要があると思います。期が上の先生が好き勝手に、具体的に誰かを救うという観点を欠いた抽象的なイデオロギー闘争をやっていれば、若手は来なくなる。きちんと何かを変えたり、具体的に誰かを救えるようにすれば若手は来るんです。団体が存続することが目的なのではなくて、誰かを救ったり社会をいい方向に変えることが目的で、そこを履き違えたらいけないですね。

――若い人では憲法に関心が無い人も増えていますか。

辻田　弁護士の中でも昔より関心のない人が増えていると思いますが、弁護士特有の問題ではなく社会全体の問題ではないでしょうか。若い人は憲法問題とか社会問題、政治問題にアクセスしようと思うきっかけや状況がない。その現れとして、関心のない弁護士も増えているのではないかな。

菊地　今若い人の中には、この日本社会を変えようという発想の人は少ない。若い人で、利他的で誰かを助けたいという志を持っている人の発想は、例えば自分が会社を起こしてリスクを背負い、従業員に沢山のお給料を払うことで周りの人間を幸せにしようという考え方です。社会を変えようと言っている人たちが、若い人を引きつけられるくらい十分に社会を変えてこれなかったことが大きな原因だと思います。社会を変えようという人たちが、運動のための運動でなくきちんと効果的な活動をして実際に社会を変えて目立っていくことができれば、それに関心を持つ若い人も出てくるかもしれない。格差問題や福祉の問題の現場には、実際に若い人が存在しています。イデオロギー離れと具体的な人助けという補助線を引くと、イデオロギーがなくても問題が可視化されやすい、生活に身近な問題については、若い人が興味を持ちやすいということが見えてきます。

辻田　生活に身近な問題かどうかが決定的に重要かというと、難しいところだね。

久保木　社会を変えるのは難しいですが、実際にやっていて感じるのは、社会を動かしているのはごくごく一部の人間だということ。だから一人ひとりの行動で変えられる側面はある。弁護士の役割でいえば、大学で勉強する憲法判例の多くには青法協の弁護士がかかわっていて、今の社会の基準を作っています。

辻田　青法協なら、自分が直接取り組まなくても、そういうことをしている先生に生で話してもらうことができ、最新情報が手に入る。いきなり「ただの弁護士です」と言うよりは「青法協の弁護士です」と言った方がアクセスしやすいでしょう。

菊地　それと色々集まりがあって、まさにこういうのが楽しいよね。

久保木　社会問題などを議論する場がないので、議論したいから青法協に入る人も多いんです。

菊地　しかもその議論はそんなに不毛ではないよね。

――志高い人が多いと感じますか。

辻田　なんとも言えないですが、変な人の割合は多いかもしれない。

――青法協で尊敬している人は。

久保木　僕は猿田佐世先生。あの人は間違いなく本当に日本政治を変えている。週刊誌に「この国を陰で操る美人弁護士」みたいな書かれ方をされていたし。沖縄の問題でいうと、アメリカの国防権限法に、日本の米軍基地について辺野古が唯一の場所だという記載があったのですが、ロビイングでそれを消したんです。プルトニウム問題でいえばロビイングの結果、最終的に日本はこれ以上持ちませんよという制限を作った。しかもめちゃめちゃ人格者でもある。怒らずに褒めて伸ばすタイプ。

辻田　色々できる人はたくさんいます。たとえば青法協の議長（当時）の北村栄先生。まず凄いのは名古屋の先生なのに、月に2回かそれ以上に普通に東京に来る。青法協への愛が凄い。

菊地　あの人は毎回出ている。口を出すだけでなく、身銭を切って費用や時間を費やし、若手の面倒を見てくれているんです。真に青法協の若手育成に貢献している、尊敬に値する先輩だと思います。

辻田　若手だけではなく受験生の面倒見が圧倒的にいい。人権活動に興味がなくても「まずご飯食べよう」と誘ったり、個人的にそういう活動をしているよね。もちろん色々な弁護団事件、原発関係の訴訟などもやっている。原発の運転差し止めに一番力を入れていて、中国残留孤児の事件もやっていました。それでいて、若手向けに人権活動と経営をどう両立するかという問題意識を持っているんです。総会で時間を取ってその話をしたりしている。名古屋の大きい事務所で売上げもトップに近い先生です。ご自身が司法試験合格に時間かかったこともあって、受験生の指導に熱を入れている。真似はできないけど凄い人だと思います。

久保木　本当に凄い人だよね。僕は北村先生の打ち合わせスタイルを真似している。依頼者とその場で一緒に書面を作るスタイル。お弁当を買って一緒に食べたり話をしたりしながら書面を作るんです。依頼者からしても、その方が弁護士が仕事をやってくれているのが分かるし、自分の言葉を採り入れてくれている、と結構喜ぶ人がいる。こちらも何か聞いてもすぐ返答してくれるし。

辻田　若手の意見を即採用してくれたり、自分もアイデアを出してくれるよね。

菊地　僕は、一番は三浦佑哉先生。よく「地域に根ざす」と言いますが、本当に地域社会に溶けこんでいるのは、僕が見ている限りでは三浦先生だけ。思想的に我々と親和性の高い市民団体とだけ仲が良いわけでなく、ノンポリ的な団体や近所のちょっとした団体などにも幅広く顔が利く。別の団体の集まりで泥酔してアイスクリームをこぼしながら歩いていたことがあったのですが、仕事以外のプライベートではそのようなチャーミングなところのある方で、弁護士には珍しいチャーミングさが地域社会から違和感なく受け容れられる一つの要因だと思います。これは皮肉やウケ狙いでなく、マジメな話。インテリ然として仕事の話題や人権の話題、政治の話題にしか関心を持たない弁護士もいる中、三浦先生は常に地域の人と同じ話題を話し、地域の人と同じ店で酒を飲み、同じ時間を共有し、チャーミングな部分もさらけ出して心のドアを全開にしている。先生のこのような姿勢は、裁判例を学ぶとか実務の経験を積むといった努力で身につくものでない点で、非常に希有な資質だと思います。他方で、仕事になると有名な労働事件を多数解決していたり、若くして無罪判決を勝ち取っていたりと、実績もすごい。とても真似できないですね。

――青法協の人たちのカラーは？

久保木　僕が青法協に入ろうと思ったきっかけですが、飲み会が圧倒的に楽しかったんです。陽気だった。全然仕事と関係ない話で盛り上がっていて、僕が行った飲み会はガンダムの話で盛り上がっていました。先輩がＩＬＯに行ったけど英語を話せなかった失敗談をずっと楽しく語っていたり。他の大手事務所の懇親会に行ったらずっと自慢話だった。青法協はそういう陽気なカラーがあるよね。

菊地　僕のような跳ねっ返り者を受け容れてくれる寛容さですね。実際に久保木君も辻田君も僕の暴論を受け容れて、真剣に議論に応じてくれている。

辻田　でも心から受け容れているとは限らないよね（笑）。

菊地　それはちょっとどういうことだろう（笑）。

おわりに

いかがだったでしょうか。青年法律家協会の若手弁護士会員のリアルな働き方を感じることができたと思います。

企画を担当した久保木太一さん、インタビューを担当した久保木亜澄さん、編集を担当した花伝社の佐藤恭介さんにまず御礼を申し上げたいと思います。ありがとうございました。

なお、インタビューを受けた弁護士の皆さんの中には就寝時刻が午前二時とか三時という方がいましたが、体が心配です。ほどほどにしてくださいね。この頃、「継続は力なり」としみじみ思います。


人権弁護士といっても、一般の民事事件や刑事事件を数多く担当していますよね。また、取り組んでいる人権課題には、元々関心があった問題もあるでしょうが、当事者から相談を受けたり、他の会員の取り組みを見て参加した、という場合も多いと思います。

そう、この本に出てくる弁護士は、普段から数多くの一般民事事件や刑事事件を依頼され、一件一件に真摯に取り組んでいるのです。そして、人権課題に出会ったとき、「これはおかしい」と敏感に感じ、何が問題の本質なのか見抜き、弁護士の立場から解決を目指すのです。大きな問題には、連絡を取り合いながら弁護団を結成し、知恵と力を合わせて頑張るわけです。緻密で慎重で地道で、ダイナミックで大胆で劇的な仕事なのです。

皆さんの文章を読むと、整理だっていて、筋が通っていて、生まれついての人権弁護士ばかり、と思えるかもしれません。私だって読んでいて、「すごいなあ」と気後れしましたもの。しかし、それは執筆者の文章と編集が上手だからで、実際には、何かの理念よりも「何とか、目の前の人の力になりたい」という強い思いが、先行していると思います。そして、迷いながら、悩みながら、当事者と一緒に一歩一歩、進んでいるのです。決して簡単にできることではありませんが、読者の皆さんにもできることだと思いますよ。

国会や行政は、多数意見に基づいて動くのが原則ですから（近頃は多数意見にも添わないことも多いですね）、少数者の人権が制約されても見過ごされてしまうことがあります。そして、裁判官も、提訴されなければ事件を担当することができません。検察官は刑事事件でなければ動けません。民事事件、刑事弁護、特に人権問題については、弁護士の頑張りにかかっていると思います。そして、私たちは、時に裁判で勝訴することのみならず、市民に広く訴えて社会全体を変えること、立法を動かすことまで考えます。そうしないと解決しない問題があるのです。

青法協は弁護士の任意団体としては日本最大の団体です。他にも多くの、魅力的な会員、頑張っている会員がいます。本では紹介しきれません。そして、この本に登場する若手弁護士も、この本を皆さんが手に取る頃には、さらにパワーに磨きをかけ、次の事件の相談を受けていることでしょう。皆さんに伝えたいことは、もっともっとあるのです。そして、憲法が国に命じている、基本的人権の尊重と平和主義の遵守は、まだまだ実現されず、道半ばでしょう。

憲法学の芦部信喜先生や多くの研究者、弁護士による青年法律家協会設立の呼びかけは、今も私たちの心を打ち、励まします。頑張りたいと思います。

学生の皆さん、法科大学院生の皆さん、司法試験受験生の皆さん、修習生の皆さん、弁護士の皆さん、研究者の皆さん、法律家の皆さん、青法協の活動にふれ、参加してください。青法協は、いつでも皆さんを歓迎します。

まずは、この本を贈りたいと思います。

弁護士になりたいあなたへ

弁護士　上野《うえの》　格《いたる》

青年法律家協会弁護士学者合同部会
青年法律家協会は、1954年、憲法を擁護し平和と民主主義および基本的人権を守ることを目的に、若手の法律研究者や弁護士、裁判官などによって設立された団体。現在は、弁護士と研究者によって構成される弁護士学者合同部会のほかに、司法修習生の各期部会、法科大学院生部会がある。弁護士学者合同部会の会員数は約2400名、法律家の任意団体としては最も幅広い層が参加し、人権活動と情報ネットワークの場となっている。

弁護士になりたいあなたへ　Ⅲ

2020年8月30日　初版第1刷発行

編者 ―― 青年法律家協会弁護士学者合同部会、久保木亜澄
発行者 ― 平田　勝
発行 ―― 花伝社
発売 ―― 共栄書房
〒101-0065　東京都千代田区西神田2-5-11出版輸送ビル2F
電話　03-3263-3813
FAX　03-3239-8272
E-mail　info@kadensha.net
URL　http://www.kadensha.net
振替 ―― 00140-6-59661
装幀 ―― 北田雄一郎
印刷・製本― 中央精版印刷株式会社

ISBN978-4-7634-0936-2 C0036